외계인과 기독교 신앙

IVP(InterVarsity Press)는
캠퍼스와 세상 속의 하나님나라 운동을 지향하는
IVF(InterVarsity Christian Fellowship)의 출판부로
생각하는 그리스도인을 위한 문서 운동을 실천합니다.

한국교회탐구센터(The Research Center for the Korean Churches)는
'하나님나라를 위한 교회, 한국 교회를 위한 탐구'를 모토로
한국 교회 개혁을 위한 연구에 힘쓰고 있습니다.

이 책은 IVP와 한국교회탐구센터가 함께 만들었습니다.

스펙트럼: 과학과 신앙 02

외계인과 기독교 신앙

한국교회탐구센터 편저

Ivp

머리말
눈을 들어 하늘 보라

인간은 미시 세계에서 벌어지는 사건과 메커니즘에 대해서도 놀라워 하지만, 우주라는 거시 세계에 대해서도 상당한 지적 도전과 심리적 동요를 겪는다. 그리스도인으로서는 더욱 그렇다. 하나님의 전 포괄적 섭리를 믿는 그리스도인으로서 지구 밖의 자연현상과 사태 역시 무관심할 수 있는 영역이 아니기 때문이다.

지구와 태양계 밖의 외계 생명체(및 외계 지성체)에 대한 이슈는 적어도 세 가지 방면에서 탐구할 수 있다. **첫째, 외계 생명체의 존재는 말할 것도 없고 그들의 지구 방문·개입·간섭 등을 골자로 하는 민간 신앙의 문제다.** 약 1950년대부터 미국을 중심으로 시작된 이 기괴한 담론은 이제 공상과학 소설, 영화, TV 프로그램, 비디오 게임 등에 힘입어 강력한 민간 신앙으로 자리를 잡았다. 고대 문명의 비밀, UFO 목격담, 납치 경험, 음모설 등은 누구나 아는 단골 메뉴가 되었다. 이러한 민간 신앙의 출처와 발전 요인은 무엇일까?

둘째, 외계 생명체 특히 외계 지성체는 과학 탐구의 대상이다. 순전히 확률의 관점(별이나 행성의 수효)에서 볼 때, 지구 외의 행성에도 생명체나 지구인에 못지않은 지성체가 존재할 가능성이 있다. 우리은하에만 2천 억 개의 별이 있고 또 그와 같은 은하가 약 1천 억 개나 된다고 하기 때문이다. 물론 생명체의 생존 및 발전 조건을 세세히 고려하면 생명체의 존재가 허락되는 행성의 수효가 현저히 줄어들겠지만, 그럼에도 그 확률은 여전히 만만치 않다. SETI(Search for Extra-Terrestrial Intelligence, 외계 지적 생명체를 찾기 위한 일련의 활동을 통칭하는 말로 우리은하 내의 다른 지적 생명체의 존재를 찾기 위해 분주하는 과학자 집단을 통칭한다) 이후 천문학계의 전망은 어떠한가?

셋째, 외계 지성체가 존재할 경우 신학에 미칠 파장 역시 심각한 사안이다. 물론 외계인의 존재로 인해 기독교 신학의 참됨이나 신빙성이 타격을 입는 것은 아니다. 그러나 신학의 중심 주제들과 관련해 의미의 확장 및 재해석은 필수 조치가 될 것이다. 특히 그리스도의 성육신과 속죄, 타락과 구원 등은 새로운 차원에서 그 깊은 의미를 부여받을 것이다. 과거에는 비본질적이거나 지엽적으로 여겨졌던 문제들 - 예를 들어, 성육신의 비속죄적 목적이나 속죄의 비구원적 유익 등 - 도 다시금 활기차게 논의될 것이다. 사실 어느 정도는 이미 논의되고 있다. 사안 자체가 가설 성격이기는 하지만, 외계인에 대한 신학적 해석과 평가는 무엇인가?

우리는 이 세 가지 질문을 가지고 스펙트럼 2호의 구성을 논의했다. 그 첫 번째 영역은 이원석의 "외계인 담론이 우리에게 주는 의미"라는 글에서 다룬다. 필자는 외계인 담론의 실체인 음모론은 결국 강자나 약자에 대한 두려움에서 기인하는 것이라고, 특이하고 센스 있는 주장을 펼친다. 우종학은 두 번째 영역을 취급하는 논자답게 외계 생명체와 연관해 현재까지 이루어진 과학 연구의 결과를 객관적으로 서술함으로써, '외계 행성' '외계 생명' '외계 지성' '외계 문명'이라는 배열과 주제 발전을 통해 천문학 연구의 실적을 일별하는 데 꽤 큰 도움을 준다.

상기한 두 필자가 그리스도인으로서 이런 주제의 글을 쓸 만한 역량을 갖추었다는 데, 이들이 한국인이라는 데 자부심을 느낀다. 그런데 안타깝게도 세 번째 영역에서는 외계인 존재에 대한 신학적 함의를 언급할 만한 전문가를 찾지 못했다. 고민 끝에 외국인 신학자 테드 피터스(Ted Peters, 1941-)의 글을 택했다. 그는 루터파 조직신학자로서 상당수의 그의 글이 과학신학 영역을 겨냥한 것이다. 그는 "우주생물학과 우주기독론"(Astrobiology and Astrochirstology)이라는 글을 통해 그리스도의 성육신이 단회적이지만 우주적 구원의 효능을 갖는다고 주장한다. 여러 신학자의 이론과 사상이 소개되고 다루어져 읽어 내려가기가 쉽지 않지만 꼼꼼히 정리하며 읽는다면 그 대가로 이 주제에 대한 일가견을 획득하리라 본다. 이런 주제를 자유롭게 구사하는 글이 한국인 필자에게서도 어렵잖게 발견되기를 염원한다.

창간호 때와 마찬가지로 주제가 '외계 생명체'라고 해서 여기에만 초점을 맞춘 것은 아니다. 권두에는 서울시립과학관 관장 이정모 박사의 인터뷰를 실었는데, 그의 어릴 적 신앙의 요람과 성장 배경, 전문인의 길을 밟게 된 계기, 과학과 신앙에 대한 한국 그리스도인들의 통념 및 개인적 바람 등이 생생히 배어난다.

이번 호 '성경 속 과학의 수수께끼'에서 송인규는 "가인의 아내는 누구인가"라는 제하의 글에서 네 가지 견해를 소개한다. 북 리뷰에서는 이번 호 주제와 상관없이 최근 몇 년 동안 저술 혹은 번역된 과학 관련 전문 서적과 교양서를 다루었다. 로널드 L. 넘버스의 『창조론자들』(박희주), 알리스터 맥그래스의 『정교하게 조율된 우주』(김기현), 유발 하라리의 『사피엔스』(손화철), 이상희·윤신영의 『인류의 기원』(옥명호), 이정모의 『공생 멸종 진화』(이상희)가 바로 그것이다. 원 저자들도 각 분야에서 전문가로 알려진 이들이지만 서평자들 역시 자기 분야에서 내로라하는 이들이다. 서평들을 읽노라면 그 자체가 또 하나의 책 읽기인 듯한 착각에 빠져들게 된다.

이제 기껏해야 2호지만 스펙트럼은 '과학과 신앙'이라는 망망대해에 기죽지 않고 열심히 방향타를 움직이고 있다.

한국교회탐구센터 소장

송인규

SPECTRUM SCIENCE & FAITH

차례

머리말
눈을 들어 하늘 보라   005

인터뷰
어쩌다 과학자가 되어 _이정모(서울시립과학관 관장)   013

특집: 외계 지성체에 대한 사회적·과학적·신학적 이해
외계인 담론이 우리에게 주는 의미 _이원석   035
과학의 눈으로 본 외계 행성, 생명, 지성, 문명 _우종학   059
우주생물학과 우주기독론 _테드 피터스   083

성경 속 과학의 수수께끼 2
가인의 아내는 누구인가 _송인규   119

북 리뷰
창조론 역사 연구의 결정판 _박희주   129
정교한, 더 정교해야 할 _김기현   135
높은 곳에서 바라본 인간 _손화철   141
인류의 발생과 진화에 대한 흥미진진한 교양서 _옥명호   147
멸종과 진화를 되풀이해 온 지구 생명체 _이상희   150

인터뷰
어쩌다 과학자가 되어

사회학자 피터 버거(Peter L. Berger)의 자전적 이야기와 지적 탐험기가 담긴 『어쩌다 사회학자가 되어』(*Adventures of an accidental sociologist*, 책세상)라는 책 제목처럼 이정모 관장의 삶 또한 즉흥과 우연들로 빚어진, 말 그대로 어쩌다 과학자가 된 드라마 같은 삶이다. 그러나 그리스도인에게 우연이란 필연과 섭리의 다른 말일 뿐, 과학자로 가는 그의 길에는 하나님이 함께하고 계셨다. 고리타분하기만 했던 우리나라 박물관을 명실상부 살아 있는 놀이터로 만든 이정모 관장과의 즐거운 인터뷰를 상상하며 스펙트럼 편집위원이자 IVP 기획주간인 정지영 간사가 서울시립과학관 관장실 문을 두드렸다.

일시: 2016년 11월 8일
장소: 서울시립과학관 관장실

신앙 생활과 학업 여정

정지영 │ 출생과 성장 과정에 대한 이야기를 듣고 싶습니다. 4대째 기독교 신앙을 믿는 가정에서 태어난 모태 신앙인이신데, 가정과 교회에서 어떤 신앙 교육을 받으며 자라셨는지 궁금합니다.

이정모 │ 외가 쪽 신앙이 유별났어요. 외할아버지는 아예 교회에서 주무시며 삼시 세끼를 교회에서 해결하고 집에는 가끔 오셨다고 들었습니다. 어머니도 기도원에서 기도하며 은혜 받으면 아버지와 상의도 없이 집도 팔고 그러셨지요. 한 마디로 뜨겁고 열정적인 신앙 스타일이셨다고 할 수 있습니다. 아버지는 상대적으로 온건한 편이셨는데, '과도하지 말자, 제발 상식적으로 믿음 생활을 하자'고 강조하셨어요. 어머니를 비롯해 외가 쪽 신앙이 뜨거웠다 냉담했다를 반복하는 스타일이라면, 아버지는 조용한 편이셨습니다.

정지영 │ 그런 경우에는 대개 집안에 갈등이 있지 않나요? 또 그것이 관장님의 신앙에도 영향을 끼쳤을 것 같고요.

이정모 │ 그런데 의외로 갈등이 별로 없었습니다. 갈등을 가질 여유가 없었다고 해야 할까요. 나도 교회 생활이 재미있었고요. 신앙심이 깊어서였다기보다 교회가 생활의 터전이었다고 할 수 있지요. 좋은 친구들과 선생님들이 있어 재미있었으니까요.

정지영 | 연동교회(당시 김형태 목사 시무)에 출석하신 걸로 압니다. 신앙에 가장 큰 영향을 끼친 사람이 있다면 누구인지요?

이정모 | 고등학교 1학년 때부터 연동교회에 다녔습니다. 그 전에는 관악구의 조그만 침례교회에 다녔고요. 우리 가족의 신앙은 주로 뜨거운 열심을 내는 스타일이었는데, 당시 연동교회 김형태 목사님은 신·구약 성경 구절을 읽으시고는 세상 이야기를 자주 하셨다고 합니다. 그것이 우리 어머님에게는 지적으로 보였던 모양이에요. 평생 들어 오던 것과는 다른 이야기였으니까요. 어머니가 먼저 연동교회에 다니자고 제안하셨어요. 이전까지 다니던 교회들과 분위기가 달라서 나도 처음에는 놀랐고요. 그런데 토요일의 고등부 모임이 재미있었어요. 독서클럽 등 다양한 고등부 활동이 토요일마다 있었는데 학교에서 해 보지 못한 경험을 할 수 있었지요. 대학생 형들에게 소위 민주주의 교육도 받고요. 제 아내를 비롯해 대부분의 신앙 선후배들을 그 시절 연동교회에서 만났습니다.

'연동청소년학교'라고 교회 안에 야학이 있었는데, 거기서 가르치기도 했어요. 한창때는 수백 명이 야학에 등록했고 그중 많은 사람들이 예수를 믿는 일도 생기고 큰 보람이 있었습니다. 고등학교 2학년 때부터 시작해 유학 가기 전까지 가르쳤고, 유학 갔다 와서도 잠시 가르쳤습니다. 나중에는 야학이라는 수요 자체가 점차 줄어들면서 없어졌고요.

정지영 | 어느 인터뷰에서 "문학적 감수성이 살아 있는 마을 공동

체 만드는 일에 관심"을 두고 있다고 하셨는데, 구체적으로 어떤 것인지 말씀해 주세요.

이정모 │ 독일에서의 경험이 큰 영향을 끼쳤습니다. 흔히 한국 사람들은 이웃사촌이라고 하며 이웃과 가깝게 잘 지내는 반면 서양 사람들은 그렇지 않다고 생각하는데, 사실 안 그렇거든요. 오히려 정반대예요. 독일에서는 이웃과 정말 친하게 가족처럼 지냈어요. 서로 아이들을 돌봐 주고 대소사도 챙겨 주곤 했지요. 그런데 귀국해 도시에서 아파트 생활을 하는데, 대부분의 사람들이 이웃과 전혀 관계없이 살아가더라고요. 독일에서의 경험도 생각나고 또 아이들을 생각해서 여기서도 공동체 생활을 해 보면 좋겠다고 생각했지요. 그래서 마음 맞는 분들과 함께 이것저것 생활운동을 펼치며 7-8년 열심히 했어요. 아이들과 함께 가는 여행 프로그램도 만들

15

고, 학교 운영위원회에 들어가 너무 공부만 시키지 말자고 건의도 하고… 이렇게 마음 맞는 분들과 몇 년을 함께하며 이런 상상을 했습니다. 아파트촌이지만 이렇게 10년, 20년을 함께 살면 새로운 마을 공동체가 가능하지 않을까? 그런데 시간이 지나면서 애들도 크고 타지로 이사 가는 사람들도 생기니까 지속이 어렵더군요. 새로운 세대가 잘 유입되지 않은 게 가장 큰 이유였던 것 같아요. 한동안은 반상회도 열심히 하고 아주 즐거웠습니다.

정지영 | 생화학을 전공으로 선택하신 이유가 아주 재미있다고 들었습니다. 또 인문학과 신학에도 큰 관심을 갖고 계시다고요?

이정모 | 원래 화학을 좋아했는데 교회의 진보적인 대학생 선배들과 대화하면서 경제와 농업에 대한 관심이 커졌습니다. 그래서 농대를 갈까 고민했지요. 할머님이 이왕이면 하나님이 세운 대학에 가면 좋겠다고 하셔서 연세대로 결정했고요. 그런데 연세대에는 농대가 없어 비슷한 과를 찾아보니 생화학과가 있더라고요. 생화학의 '화' 자가 '꽃 화'(花) 자인 줄 착각하고 생화학과를 선택한 거였습니다. 입학하고 한 달이 지나서야 생화학이 'biochemistry'인 줄 알고 충격을 받았는데, 같은 과 동기 여학생 중 한 명이 자기는 생화학이 해양생물을 연구하는 학문인 줄 알았다며 역시 충격을 받더군요!

그렇게 잘 모르고 입학했는데, 막상 공부를 하니까 재미가 있었어요. 험한 시대여서 2학년 때는 경제학에 관심을 가졌고, 3학년이 되니 다시 철학에 관심이 가더군요. 4학년 때는 신학과 전공을 많이 들었는데, 당시 구약학 교수였던 김창국 교수님이 매주 시를 한 편씩 외우게 하신 것이 기억에 남습니다. 감옥에 가면 성경도 못 읽을 수 있으니 지금 외운 시로 버틸 수 있어야 한다며 일종의 기개를 보여 주셨지요. 그 영향으로 신학대학원에 갈까도 생각했는데, 막상 원서를 쓸 때는 생화학과를 썼습니다. 신앙은 마지막까지 한 줄기 믿음으로 남아야 하는데, 학문으로 전공하면 신앙을 분석하면서 건조하게 되지 않을까 하는 염려가 있었던 것 같습니다.

정지영 | 독일로 유학을 가게 된 이유와, 살면서 가장 어려운 시기였다고 하신 유학 생활에서의 신앙 생활 또 그곳 교회의 모습이 궁금합니다.

이정모 | 솔직히 말해 한국을 벗어나고 싶은 생각이 컸습니다. 대학원을 졸업하고 결혼을 한 다음에야 군대에 갔는데, 밤중에 보초를 설 때 조그만 트랜지스터 라디오를 철모 속에 숨기고 듣곤 했어요. 어느 날 독일이 통일되었다는 소식을 들었는데 나도 모르게 눈물이 나더군요. 억울함에서 쏟아져 나온 눈물이었습니다. 이 나라를 떠나는 방법은 유학뿐이었고, 가난하고 성적도 안 좋은 내가 갈 수 있는 곳은 유럽 대륙뿐이었습니다. 그나마 어릴 때 잘한 게 독일어이니 독일로 가자고 생각했지요.
    한국 사람들은 외국에 유학을 가면 다 교회에 다닙니다. 위안이 되기 때문이지요. 저는 독일인과 결혼한 한국인들이 다니는 교회에

17

다녔는데, 아주 따뜻한 분위기였습니다. 근본주의 신앙을 고수한 교회였는데, 교인들의 특징이 단순하다는 것입니다. 다른 말로 순수하다는 거죠. 다른 독일인 교회에도 가끔 나갔는데 한국을 떠나기 전 다녔던 연동교회와 분위기가 비슷했어요. 유학을 다녀오니 한국 교회들은 모두 순복음교회 분위기가 되어 있더군요.

창조과학과 진화론 사이에서 갈팡질팡하는 한국 교회와 대학

정지영 ǀ 귀국 후 안양대학교에서 잠시 가르치셨던 걸로 아는데, 보수적인 기독교 신앙을 고백하는 학교에서 어려움이 있으셨을 것 같습니다. 학생들의 반응은 어땠나요?

이정모 ǀ 맞습니다. 안양대는 아주 보수적인 신앙관을 가진 학교입니다. 제 연구실 바로 옆이 조덕영 교수의 방이었는데, 당시 조 교수는 창조과학 수업을 하고 있었어요. 알고 보니 그때 열세 개 대학에서 창조과학 수업을 하고 있었는데, 창조과학 교과서를 보니 '이건 아닌데' 하는 생각이 들더군요. 신학과 학생들을 비롯해 안양대의 전체 분위기가 거의 창조과학의 입장에 경도되었다고 할 수 있었습니다. 그 와중에 제가 '과학과 종교의 대화'라는 수업을 만들었습니다. 수강생의 3분의 1이 신학과 학생들이었는데, 조를 짜서 토론하고 발표 주제를 정하게 했지요. 학기의 절반쯤 가면 창조론이든 진화론이든 자신의 입장이 정해지는데, 중간고사 이후에는 서로 입장을 바꿔서 스터디하고 발표하게 했습니다. 창조론의 입장에 있던 학생들에게는 진화론자 역할을 주고, 진화론을 선택한 학생들에는 창조론자의 역할을 주어서 서로 상대방의 입장을 이해하게 해 보았습니다. 학생들이 매우 재미있어 하더군요. 그런데 흥미로운 건 진화론 입장에 있던 학생들은 창조론 입장에 대해 공부하면서 나름 이해하려고 하는 경향이 있는데, 창조론 입장에 있던 학생들은 진화론 쪽에 서기를 힘들어 하더라는 것입니다. 진화론이라는 말 자체를 입에 담기조차 불편해 하더군요. 마지막 수업에 가서 다시 자신의 입장으로 돌아가 서로 느낀 점을 나누는데, 대부분의 학생들이 진화론이 터무니없는 이론은 아니라고 생각하는 것 같았습니다. 그런데 그중 한 학생의 반응이 아주 재미있었어요. 그 학생의 말인즉, 진화론을 공부해 보니 그 이론이 합리적인 것은 알겠는데 나는 나중에 목사가 되어야 하니까 마음으로는 받아들이지 못하겠다, 이런 반응이었지요.

이 과목의 마지막 수업시간에 외부 강사로 우종학 교수를 초청했습니다. 그동안의 수업을 통해 신학과 학생들이 만신창이가 될 정도로 마음의 상처를 받았는데 나름 우종학 교수가 보수적인 학생들의 마음을 위로해 줄 수 있지 않을까 하는 의도가 있었습니다. 그런데 오히려 창조과학을 고수하던 학생들에게 마지막 카운터펀치를 날리더군요. 아까 그 학생은 후에 창조과학에 반대하는 운동을 했는데, 한 명이라도 건졌다는 생각에 보람을 느낍니다. 창조과학 수업은 내가 안양대에 있을 때 없어졌습니다.

원주 의대에서도 한 학기 동안 진화론을 강의해 보라는 제안이 있었습니다. 나는 좋다고 했는데, 다른 의대 교수가 진화론과 똑같은 시간을 할애해 창조론 과목도 개설하겠다고 주장했지요. 그런데 의과대학에서 창조과학 강의를 한다는 게 말이 안 된다며 진화론 강의도 하지 말자는 얘기가 나왔습니다. 결국 진화론 강의는 무산되었고요. 학문에는 나름의 체계가 있어야 하는데, 그런 면에서 기독교 대학은 좀 답답한 면이 있습니다.

「과학동아」에서 개최한 창조-진화 대토론회도 기억납니다. 그때 창조과학 발표자 쪽 말이 아주 공격적이었던 것이 인상 깊었습니다. 양쪽 다 기독교인이었고 학문 토론회였는데도 불구하고 저주에 가까운 무시무시한 말을 하더군요. 저런 사람들을 상대로 무슨 말을 할 수 있을지 솔직히 좀 겁이 나더군요. 그런데 시간이 좀 지나니 어느 순간 의미가 없게 느껴졌어요. 토론의 층위가 다르다는 생각이 든 것이죠. 예를 들어 천문학과 점성술의 토론이 가능하겠어요? 연금술과 화학의 토론이 가능하겠냐고요. 마찬가지로 창조과학과 진화론은 토론이나 대화가 가능한 층위가 아니라고 생각합니다.

교회에서도 강의를 한 적이 있는데, 나이 든 권사님들보다 오히려 청년들이 강의 중간에 자리를 박차고 나가는 모습이 보였습니다. 언제부터 교회 청년들의 마음이 이렇게 좁아지고 답답해졌을까 하는 의문이 들더군요. 예전에 우리는 교회에서 훨씬 더 폭넓고 다양하게 대화했어요. 그런데 지금 청년들은 답답한 축자무오설(逐字無誤說)에 사로잡힌 것처럼 보였습니다. 대학부의 성경공부에서 주일학교의 분반공부처럼 빈칸 채우기를 하고 있더라고요. 몇 번 어려운 질문을 하면 나중에는 질문은 은혜가 안 된다고 자제시키고요. 받아쓰기에 불과한 이런 신앙은 문제가 있습니다.

정지영 | 진화론이 처음 등장했을 때 이를 지지한 과학자들 가운데 목회자들이 있었던 것처럼 한국 교회에 신앙의 뿌리를 제공한 미국의 보수적 교회에도 진화론을 긍정적으로 보는 이들이 많습니다. 한국 교회가 그토록 진화론에 부정적인 태도를 갖게 된 이유에 대해 고민하셨을 것 같습니다.

이정모 | 한국 교회뿐만 아니라 한국 사회가 분석적이지 못하고 종합적이라서 그런 것 같습니다. 좋은 사람/나쁜 놈, 좋은 나라/나쁜 나라, 애국자/빨갱이 같은 식으로 쉽게 양분하는 거죠. 교인들은 진화론에 대해 잘 모릅니다. "진화론은 반기독교적인 빨갱이 이론입니다." 제가 어릴 때 교회에서 많이 듣던 말입니다. 이걸로 끝이었죠. 진화론이 왜 반기독교적인지, 과연 진화론과 공산주의가 관계가 있는지에 대해 생각할 겨를이 없었습니다.

한국 교회에는 웬만한 엔터테인먼트 회사 뺨치게 행사가 많습니다. 행사를 준비하고 진행하는 데 에너지를 다 쓰기 때문에 차분하게 한 가지를 공부하고 토론할 시간이 없지요. 목사님들도 다들 바빠서 잠시 앉아 책 읽을 시간도 없어 보입니다. 목사도 시간이 없고 신도들도 시간이 없으니 누군가가 무엇을 주장하면 그게 그냥 진리가 되는 거예요. 한국 교회의 기본 정신은 우습게도 반공주의라서, 진화론은 공산당이 좋아하는 이론이라는 단 한 마디로 정리가 되어 버렸지요.

정지영 | 교회가 진화론에 저항하는 데에는 성경 해석과 맞지 않는다는 신학적 판단도 있지만 그 안에 지식에 대한 과학주의, 즉 형이상학적 자연주의의 위험성이 있기 때문입니다. 교회가 그런 위험을 어떻게 극복할 수 있을까요?

이정모 | 이것이 문제가 되는 나라가 우리나라와 미국 외에 또 있을지 의문입니다. 우리 아이들이 독일에서 가톨릭 학교에 다녔는데, 신부님이 진화론을 가르쳐도 아무 문제가 없었습니다. 예전에 황우석 박사가 한창 잘 나갈 때는 줄기세포와 동물 복제 등의 주제로 교회에서 강의를 하면 다들 좋아했어요. 교회와 과학이 역사적으로 부딪친 게 두 번이라고 보는데, 바로 갈릴레이(Galileo Galilei)와 찰스 다윈(Charles Darwin)의 경우죠. 지구 중심의 세계관을 갖고 있던 사람들이 갈릴레이로 인해 지구가 우주의 중심에서 변방으로 밀려난 것을 못 받아들인 것입니다. 인간이 특별한 존재라고 생각했던 사람들이 다윈으로 인해 사람도 진화의 산물이라는 새로운 세계관을 못 받아들인 것이고요. 그리스도인들도 생물의 진화는 대부분 받아들입니다. 인간의 진화를 못 받아들이는 거죠. 나는 사람이 특별하지 않다고 봅니다. 드레이크 방정식에 따르면 전 우주에 수천 개의 외계 지성체가 있을 가능성이 있습니다. 다만 물리적으로 거리가 멀어서 만나지 못할 뿐이지요. 하나님이 굳이 왜 우리만 더 좋아하실까 싶어요. 과학은 메커니즘을 정확하게 모르니까

'우연'이라고 하지만, 그리스도인은 여기까지 온 것이 하나님의 역사라고 봅니다. 이런 변증에 한계가 있긴 하지만 나는 여기까지밖에 모르겠습니다. 연결점이 약한 건 사실이고 나도 인정하지만, 이건 내 신앙입니다. 더 이상은 잘 몰라요.

유물론적 진화론과 창조과학의 거리가 너무 멀어요. 대화가 안 됩니다. 중간에 어떤 접점이 있으면 좋겠는데, 진화적 창조론 정도의 중간 지대가 있어서 대화했으면 참 좋겠어요. 성경 해석이나 최신 과학에 대해 제대로 공부하고 서로 대화하면 좋겠는데 안타깝게도 그런 사람들이 별로 없습니다. 조심스럽지만, 요즘 목사님들은 너무 공부를 안 하는 것 같아요. 노래를 잘한다, 기타도 잘 치고, 1종 면허 갖고 있다 등등 이런 분들 위주로 목회자를 뽑는다는 얘기도 들었거든요. 예전에 연동교회 목사님들은 늘 책을 읽었습니다. 공부하는 분들이셨지요. 그런데 요즘 목사님들을 보면 너무 바쁘고 정신이 없어요. 정작 목회는 담임목사 한 분만 하고 나머지 부목사님들은 직원처럼 움직이는 것 같아요. 교회 구조가 기형적입니다. 이런 상황이라면 개선이 쉽지 않을 것입니다.

정지영 | 공부하지 않고 질문하지 않는 풍토에서 창조과학이 유사 과학으로서 단답형 해답을 던져 준 것이 아닌가, 마치 인스턴트식품처럼 기능한 측면이 있는 것 같다는 말씀이신 거죠?

이정모 | 그리스도인들은 과학에 대해 생각할 때 다짜고짜 진화론만 생각하는 경향이 있습니다. 그런데 과학은 스펙트럼이 굉장히

넓습니다. 진화론은 그중 한 부분일 뿐인 거죠. 진화론 말고도 사람들에게 과학적 사고를 가르칠 수 있는 방법은 많습니다. 사람들이 호기심을 가지고 과학에 여러 접근을 할 수 있도록 돕는 것이 중요합니다. 사람들의 요구에 의해, 즉 진화론에 대한 질문이 생겼을 때 진화론을 다루면 되는데 처음부터 너무 이 문제만 갖고 논쟁한 게 아닌가 하는 일종의 반성을 하고 있습니다. 마음이 급하니까 진화론을 공격하는 데에만 몰두하는 건 아닌가 하는 생각입니다. 굳이 진화론이 아닌 다른 이야기로도 얼마든지 과학에 대한 이야기할 수 있는데, 물리·천문·생물·화학 등의 영역에서 질문을 던지며 호기심을 갖고 합리적 사고를 하는 것이 과학에서는 중요한데, 그런 부분을 잘 못하고 있습니다. 그러니 과학을 전공하는 많은 분들이 교회만 오면 자기 전공에 대해서는 입을 다물게 됩니다. 창조-진화 논쟁에서 어느 쪽이냐에 지나치게 집중되어 있다고 할 수 있죠.

언젠가 평생 박쥐 연구를 하신 교수님이 우리 교회에서 과학 관련 강의를 하신 적이 있습니다. 그런데 그분이 진화론의 입장에서 박쥐의 생태를 연구해 온 것에 대해 회개하면서 강의를 시작하시더군요. 그러지 않아도 되는데, 박쥐의 생태만 이야기해도 강의가 참 재미있을 텐데 하는 안타까운 마음이 들었습니다. 물론 교회에서 진화론에 민감한 것은 알지만, 급한 마음을 조금 누르고 천천히 가면 좋겠어요.

예전에는 과학을 전공하는 젊은 학생들이 교회에 많았습니다. 그런데 지금은 그런 사람들이 점점 교회를 떠나는 추세예요. 서로 말이 안 통한다고 생각하는 것 같아요. 사실 자기 전공이 아닌 부분에 대해 토론하는 것은 쉽지 않습니다. 예를 들어 '무상급식' 이슈에 대해 토론해 보자고 하면, 정파에 따라 결론을 말하지 차분하게 자기 근거를 갖고 찬성이든 반대든 논리를 전개하는 것이 잘 안됩니다. 합리적인 대화를 힘들어 해요. 교회에서 발생하는 여러 사안에 대해서도 별 관심도 없고 생각하며 토론하는 것도 피곤해 합니다. 목사님이 답을 정해 주는 것을 차라리 편하게 여겨요.

대중의 눈높이에 맞춘 과학과 신앙의 연결점 찾기

정지영 | 신앙과 과학 사이에서 별로 갈등을 못 느끼신 것 같습니다. 갈등이 반드시 부정적인 것만은 아니라고 볼 때 의외로 다가옵니다. 자칫 신앙과 학문이 이원화되어 있는 건 아닌가 하는 오해를 줄 수도 있겠단 생각이 들었습니다. 『바이블 사이언스』에서 성경의 소재를 통해 과학 이야기를 풀어 간 면은 좋았는데, 과학과 신앙의 관계에 대해 좀더 깊이 들어가지 못한 측면은 아쉽다는 느낌을 가졌습니다.

이정모 | 아마 거기까지가 내 역할인 것 같습니다. 『종교전쟁』을 쓰신 신재식 교수나 존 호트(John F. Haught) 같은 분들이 그런 역할을 하고 있는데, 상당히 고급 작업이죠. 내 역할은 좀더 대중적이고 하위 작업에 가깝다고 할 수 있고요. 고급스런 이야기는 어쩌면 우

리 상황에서 사치 혹은 낭비라는 생각도 합니다. 성도들이 알아들을 수 없는 이야기이기 때문이죠. 우리에게 필요하고 훨씬 더 급한 것은 과학적 흥미와 사고가 아닐까 생각합니다. 『공생 멸종 진화』라는 책을 썼지만, 사실 이 책에서도 진화에 대해서는 조금만 이야기하고 생태와 환경 등에 대한 이야기를 훨씬 많이 했습니다. 생태와 환경은 그리스도인들도 관심을 많이 보이는 부분이고, 또 더 급한 이야기 아닌가 하는 생각입니다.

정지영 | 존 폴킹혼(John Polkinghorne)이나 존 호트, 알리스터 맥그래스(Alister McGrath) 같은 분들이 시도했던 과학과 신학의 대화를 위한 특별한 구상 같은 것은 없으신지요? 또 교회에서 과학의 대중

화를 위한 계획은 갖고 계신지 궁금합니다.

이정모 | 성인을 대상으로 교회에서 과학 강연을 하고 싶습니다. 교회에서는 주로 인문학이나 신앙 강연만 하는데, 신앙에 도전을 주면서도 상처를 주지 않고 과학에 흥미를 가질 수 있는 그런 강연을 기획해서 하고 싶습니다. 갈릴레이가 말한 대로 성경은 하나님의 말씀이고 자연은 하나님의 작품이니까요. 성경과 자연 사이에는 모순이 없습니다. 그런데도 만약 두 개가 모순처럼 보인다면 과학자의 의견을 따라야 한다고 갈릴레이가 말했지요. 왜냐하면 성경은 누구나 이해할 수 있게 쉽게 쓰였기 때문에 해석도 바뀔 수 있지만 자연의 실재성은 바뀔 수 없기 때문이라는 거죠. 수백 년 전 갈릴레이가 한 말이 지금도 통한다고 봅니다. 과학자도 좀더 겸손하고 목회자와 신학자도 좀더 겸손해서 서로 충돌하지 않고도 대화할 수 있으면 좋겠습니다.

정지영 | 과학과 신학이란 주제에 있어 관장님의 생각에 영향을 주었거나 추천하는 인물 또는 책이 있으면 소개해 주세요.

이정모 | 이 분야에 외국 신학자들과 책이 많습니다. 그런데 모두 분량이 상당한 데다가 어렵고 또 논의의 스펙트럼이 얇습니다. 그래서 나는 『종교전쟁』을 권합니다. 쉽게 읽히면서도 논의의 스펙트럼이 넓기 때문이지요. 유신론적 진화론자인 신재식 목사, 회의주의 종교학자인 정윤성, 그리고 창조과학계에 발을 담고 있다 유물

론적 진화론자로 변신한 장대익 교수의 편지와 토론을 통해 자신을 반추할 수 있는 책입니다.

정지영 | 신앙과 학문의 관계를 말하면서 교회와 집과 실험실의 균형 잡기로 설명하신 것을 읽은 기억이 있습니다. 그런데 자칫 신앙과 학문이 이원화되어 있다는 오해를 줄 수도 있겠단 생각이 들었습니다.

이정모 | 그런 시절이 있었습니다. 독일에서 그랬지요. 어느 날 교수님이 일요일에 어디에 같이 가자고 하셔서 일요일에는 아르바이트를 해야 한다고 했더니 미안해하시면서 무슨 일을 하냐고 물으시더군요. 당시 저는 교회 초등부 아이들에게 설교를 하고 있었습니다. 그런데 제 이야기를 듣고 그 교수님이 화를 내셨어요. "과학자가 어떻게 교회엘 다니지? 아내를 따라 교회에 출석하는 정도까지는 이해하겠는데, 설교를 한다고?" 정말 친절한 분이었는데 이렇게 반응하시는 걸 보고 깜짝 놀랐지요. 그때부터 귀국할 때까지 그 교수님과 관계가 좋지 않았습니다. 교수님과의 문제를 교회 장로님에게 말했더니 "이 선생처럼 신앙 좋은 사람이 과학을 하려니 얼마나 양심에 가책을 받겠소"라며 위로하시더군요. 정말 힘들었습니다. 신앙인이 과학을 한다고 해서 왜 양심의 가책을 받아야 하는 거죠? 이런 얘기를 귀국한 다음에도 교회 권사님에게 또 한 번 들었고요. 그래서 한동안 머리에 교회 채널과 사회 채널, 집 채널을 따로 장착하고서 살았습니다. 그러다가 몇 년 지나서는 그냥 편하게

말하기 시작했습니다. 나는 진화론자라고. 교회에서는 별 말이 없는데 이젠 오히려 과학자 사회에서 "이정모 씨는 다 좋은데 교회에 다녀"라는 말을 과학자 몇 명에게 들었습니다. 그냥 무시하죠. 어쩌겠어요.

정지영 | "창조를 받아들이지만 창조론을 믿지 않고, 진화를 받아들이지만 진화론을 믿지 않는다"고 평소 말해 오셨습니다. 창조과학자들처럼 진화와 창조를 대립 개념으로 볼 필요는 없지만, 과학계 안에서도 진화를 수용하지 않는 이들이 있지 않습니까? 최소한 하버드 대학의 유전학자 리처드 르원틴(Richard C. Lewontin)같이 진화론에 대해 회의적인 과학자들이 있잖습니까?

이정모 | 진화론에 회의적인 과학자들이 있는데, 저는 그들을 이해하지 못합니다. 특히 우리나라에 무척 많습니다. 그들의 공통점이 있는데, 적어도 창조과학자들처럼 말도 안 되는 이유를 들어 진화론을 공격하지 않습니다. 그들의 과학적 지식과 양심이 창조과학자들보다는 훨씬 많고 높기 때문일 것입니다. 다만 그들은 진화론을 그냥 안 믿습니다. 왜냐하면 자신이 그리스도인이기 때문입니다. 창조과학 진영에 속하지 않은 과학자들 가운데 진화론을 근거로 들어서 창조과학을 받아들이지 않는 과학자는 아직 만나지 못했습니다.

정지영 | 도킨스(Richard Dawkins), 해리스(Sam Harris), 히친슨

(Christopher Hitchens), 데닛(Daniel Dennett) 같은 신무신론자들은 종교의 폭력성과 그 폐해를 강조하며 종교 폐지를 주장합니다. 이들 과학 근본주의자들에 따르면 종교는 있어서는 안 되는 것이지요. 실제 한국 교회의 모습을 보면 그래야 할 것 같기도 하고요. 기독교에 미래가 있을까요? 최근 『공생 멸종 진화』에서 멸종의 긍정적 의미를 말씀하셨는데, 종교 전쟁의 시대에 기독교의 모습과 미래를 어떻게 생각하시는지요?

이정모 | 교회나 절과 같이 거대한 집단으로서의 종교가 필요한 시대가 있었습니다. 그래야 사회가 안정적으로 운영될 수 있었지요. 이제 그런 시대는 끝났습니다. 아마도 우리 세대가 가족과 함께 교회에 나가는 마지막 세대가 될 것이라고 생각합니다. 기독교뿐만 아니라 모든 종교가 철저히 개인적으로 변할 것입니다. 종교인들이 만나는 곳은 각자의 성전이 아닌 네트워크일 것입니다. 목회자는 네트워크 관리자, 콘텐츠 공급자로 변할 가능성이 크죠. 그리고 콘텐츠 공급자는 목회자보다는 다수의 일반 신자들이 차지할 가능성이 더 크고요. 직업으로서의 목회자는 오래가지 못하리라 생각합니다. 목회자는 세상에 꼭 필요하겠지만 생계를 유지하기 위한 직업으로서의 목회자는 앞으로 좋은 선택이 아니라고 봅니다.

정지영 | 스펙트럼 2호 특집 주제가 외계 지성체입니다. 외계 지성체에 대한 평소 생각을 듣고 싶습니다.

이정모 | 나는 적어도 우주에 우리 정도의 지적 생명체가 존재하는 행성이 수천 개는 될 거라고 봅니다. 드레이크 방정식에 들어가는 변수에 아무리 보수적인 숫자를 넣어도 그 정도는 되고요. 이 우주에 우리만 있다고 한다면 우주는 너무 낭비 아닐까요. 자연은 절대로 쓸데없는 짓을 하지 않습니다. 이것은 아리스토텔레스 시대부터 이어져 온 자연학의 근본 원리죠. 아리스토텔레스에 맞섰던 갈릴레이도 이 점만은 그대로 승계했고요. 제 생각도 그렇습니다.

그런데 우주에 우리만 있는 것이 아니라 다른 외계 지성체가 존재한다고 해서 우리에 대한 하나님의 사랑이 적어지는 건 아닙니다. 하나님이 우리를 속인 것도 아니고요. 실망할 이유가 전혀 없습니다. 하지만 우리는 절대로 그들을 만날 수가 없지요. 이유는 간단해요. 우주가 너무 크기 때문이죠. 지구에서 가장 가까운 별인 태양까지 빛의 속도로 8분 19초가 걸립니다. 다음 별까지는 무려 4년 이상이 걸리고요. 아폴로 11호로 그 별까지 가려면 70만 년은 걸릴 것입니다. 유인 우주선을 다음 별까지 보내려면 아마도 지구가 아니라 태양계의 모든 에너지를 써야 가능할 것입니다. 외계 지성체가 아무리 똑똑하고 기술이 좋아도 그들 역시 우리와 똑같은 원소를 사용하고 똑같은 물리법칙의 지배를 받을 것입니다.

외계 지성체가 있다 혹은 없다고 말하는 것은 무모한 일이라고 생각합니다. 우리는 그들과 만날 수 없습니다. 영원히. 따라서 외계 지성체에 대해 크게 고민할 일은 아니라고 생각합니다.

이정모

서울시립과학관장. 연세대학교와 동 대학원에서 생화학을 전공하고 독일 본 대학교 화학과에서 수학했다. 안양대학교 교양학부 교수와 서대문자연사박물관 관장을 역임했다. 저서로는 『달력과 권력』, 『과학하고 앉아 있네』, 『공생 멸종 진화』, 『과학자와 떠나는 마다카스카르 여행』 등이 있다.

정지영

원광대학교에서 역사학을, 총신신학대학원에서 신학을 공부했으며 현재 IVP 기획주간으로 일하고 있다. 복음주의 운동의 흐름과 그 결과물로서의 출판물의 역사에 관심을 갖고 있다.

특집

외계 지성체에 대한
사회적·과학적·신학적 이해

외계인 담론이 우리에게 주는 의미 _이원석
과학의 눈으로 본 외계 행성, 생명, 지성, 문명 _우종학
우주생물학과 우주기독론 _테드 피터스

외계인 담론이
우리에게 주는 의미

이원석

하이테크와 외계인 고문

혹 '외계인 고문'에 대해 들어 보았는지? 이 말은 밀리터리 덕후들이 득실대는 인터넷 커뮤니티에서 연원한 표현으로, 인간의 기술력으로 만들어졌다는 사실을 믿을 수 없을 정도로 탁월한 하이테크(high tech) 상품을 가리킬 때 사용된다. 그 기술 개발의 원천이 외계인이고, 기술 획득의 방법이 외계인을 고문한 것이라는 말이다.

가령 록히드마틴 사가 내놓은 블랙버드(SR-71)가 그 좋은 사례로 꼽힌다. 블랙버드는 아직 월남전이 발발하기 전인 1964년에 공개된 전략 정찰기인데, 속도가 마하 3을 넘어서니 그런 말을 들을 법도 했다. 1960년대 냉전을 중심으로 이야기를 진행하는 히어로물 〈엑스맨: 퍼스트 클래스〉(X-Men: First Class) 후반부에 나오는 멋진 비행기가 바로 SR-71이다. 1962년 당시의 쿠바 미사일 위기를 배경으로 전개되는 전투 장면에서 등장한 것이니 나름 그럴 법한 설정이다. 지금부터 무려 반세기 전에 음속의 세 배에 달하는 속도를 내는 비행기라니, 과연 외계인을 고문해서 얻은 오버 테크놀로지임에 분명하다. 영화에서는 천재 기술자인 닥터 행크 맥코이가 블랙버드를 만든 것으로 보이지만, 어차피 파란색의 짐승(비스트)이 되었으니 도긴개긴 아닌가(뮤턴트나 외계인이나 그게 그거).

이보다 더 진지하게 논의되는 것으로는 미국 내에서 가장 은밀한 장소로 알려진 51구역(Area 51)을 들 수 있겠다. 이는 네바다 주에 있는 군사 기지를 가리키는데, 이곳에서 CIA와 펜타곤의 많은 기술 실험이 이루어졌다. 가령 냉전시대를 주름잡았던 스파이 비행기 U2의 비행 실험을 여기에서 하고, 사상 최초의 드론도 이곳에서 테스트를 거쳤다. 그런데 51구역에 외계인과 UFO를 숨겨 두었다는 소문이 파다하니, 그 기술의 원천으로 외계인을 떠올리는 것이 자연스럽다. 아폴로 11호의 달 착륙 사진 조작이 이루어진 곳이라는 소문도 있다. 외계인들과 우주 기지가 달에 있었기 때문에 있는 그대로 밝힐 수 없어 조작을 했다는 주장이다. 또 51구역을 끼고 있는 네바다 주 375번 도로에서 외계인과 UFO를 봤다는 신고가 많이 들어와 1996년에는 아예 네바다 주 정부가 외계인 고속도로라는 공식 명칭을 부여했다.

빌 클린턴(Bill Clinton) 전 대통령에 따르면, 51구역은 그저 비밀 국방시설일 뿐이다. 그러나 그는 여기에 미묘한 언급을 덧붙인다. "나는 비밀을 드러내 줄 비밀 정부 문서가 있는지 찾아내려고 시도

---

1 "힐러리 클린턴은 외계인에 대해 알고 있다!", "한겨레" 2016년 5월 11일. http://www.hani.co.kr/arti/international/america/743381.html#csidx83033dbc9143c2289f89a9d7757154b

했다. 하지만 정말로 있다면 내게도 비밀이었을 것이다."[1] 그의 언급은 미국 정부 안에 어떤 크고 비밀스런 권력이 작동하고 있다는 암시로도 들릴 수 있다. 2015년 당시 〈지미 키멜 라이브 쇼〉(Jimmy Kimmel Live Show)에서는 외계인이 지구를 방문해도 놀랄 일은 아니지만, 다만 영화 〈인디펜던스데이〉(Independence Day) 같지 않기만을 바란다고 말했다. 롤랜드 에머리히(Roland Emmerich)의 1996년 영화 〈인디펜던스데이〉에 등장하는 대통령은 51구역에 UFO가 숨겨져 있고, 이로부터 미국의 획기적 기술 발전이 이루어졌다는 사실을 외계인 침공이 발발한 후에야 알게 된다.

일설에 의하면, 삼성전자에서 내놓은 메모리 반도체도 외계인을 갈아 넣어 만들어 낸 기술이다. 물론 그 진실은 '공밀레'일 것이다. '공밀레'는 에밀레 종소리를 패러디한 언어유희로,[2] 바로 '공돌이'(engineer)를 갈아 넣어서 거둔 성취, 즉 노동 착취의 결실이라는 뜻이다. 사실 외계인만큼이나 낯선 미지의 존재가 바로 공돌이일 것이다. 이런 맥락에서 보면, 외계인은 공돌이(의 눈물)를 가리키는 은유다.

기술의 발전을 위해 갈려 들어간 공돌이가 우는 소리는 하나님에게만 상달되고,[3] 우리 눈에 보이는 것은 그저 경이로운 기술적 성

---

[2] 에밀레 종소리는 성덕대왕신종을 만들 때 아이를 공양했기에 "에밀레~ 에밀레~" 하는 종소리가 났다는 신라시대의 전설이다.
[3] "보라 너희 밭에서 추수한 품꾼에게 주지 아니한 삯이 소리 지르며 그 추수한 자의 우는 소리가 만군의 주의 귀에 들렸느니라"(약 5:4).

취일 뿐이다. 그런데 그 경이로운 성취, 즉 우리의 인지 범위를 넘어서는 성취의 근원으로 외계인이 호명된다. 이는 외계인이 우리보다 기술력이 뛰어나다는 전제를 담고 있다. 애초에 외계인(外界人)이란, 지구 바깥에서 온 존재(E.T.: The Extra-Terrestrial)가 아닌가. 당연히 우리의 기술 수준을 능가하는 우주비행선이 없다면 지구에 올 수가 없다. 그렇게 보면 위의 설명이 타당하다. 우리를 넘어서는 존재, 우리의 생각과 기술을 훌쩍 넘어서는 존재로 외계인을 생각하는 것이다.

우리에겐 너무 낯선

외계인이란 우리에게 낯선 존재다. 외계인을 가리키는 데 종종 사용되는 영어 단어가 바로 에일리언(alien)이 아닌가. 무엇보다 그들의 외모가 낯설다. 최소한 미학적으로 긍정적인 평가를 내리기는 어렵다. 스티븐 스필버그(Steven Spielberg)의 영화 〈E.T.〉의 주인공 E.T.를 준수하다고 말할 수는 없는 노릇이다. 조지 루카스(George Lucas)의 장중한 스페이스 오페라 〈스타워즈〉(Star Wars)나 마블코믹스 라인에 속하는 히어로물 〈가디언즈 오브 갤럭시〉(Guardians of the

---

4 〈가디언즈 오브 갤럭시〉는 마블코믹스의 기존 히어로물과 달리 우주를 배경으로 한 장대한 영화다. 원작 만화의 주인공 스타로드는 지구인과 외계인의 사랑이 맺은 결실, 즉 우주적인 혼혈이다. 어머니 메러디스 퀼은 지구인이고 아버지는 스파토이 행성의 사파르탁스 황족이다.

Galaxy)⁴ 등에 등장하는 숱한 외계인들이 그 좋은 예일 것이다. 그래도 〈스타워즈〉에 등장하는 한솔로의 파트너인 츄바카는 나름 귀엽다. 실은 조지 루카스가 키우던 개의 모습에서 따온 형상이기 때문에 이는 알고 보면 이상한 일이 아니다. 또 〈가디언즈 오브 갤럭시〉의 귀염둥이 로켓라쿤의 경우는 외계인이라기보다 유전자 개조를 당한 외계 너구리다.⁵ 로켓라쿤이 지구의 너구리와 동일한 외모를 가졌다는 사실은 진화 과정을 하나님이 섭리하셨다는 놀라운 단서인지도 모르겠다.

외계인의 외모는 경우에 따라 흉측하기까지 하다. 우리가 '에일리언'이라고 할 때 머리에 떠올리는 이미지는 대개 리들리 스콧(Ridley Scott) 감독의 〈에일리언〉에 등장하는 바로 그 괴물의 모습이다. 자신의 숙주가 된 인간의 가슴을 찢고 나오는 에일리언의 모습은 보는 이를 고통스럽게 만든다. 이는 크리처(creature) 디자이너 한스 기거(Hans Ruedi Giger)가 디자인한 것으로, 그의 첫 작품집 『네크로노미콘』(Necronomicon)에 들어 있는 네크로노미콘 IV의 디자인에서 연원한 것이다.⁶ 한스 기거의 작품 세계는 그로테스크한 화풍으로 유명하다.⁷

5 로켓라쿤이 유전자 조작을 당한 하프 월드 행성은 거대한 정신병자 수용소다. 여기에서 유전자 조작을 통해 뛰어난 지능을 갖게 된 반려동물들이 정신병자를 관리한다. 로켓라쿤은 원래 이 행성을 수호하는 경비대장이었다.

6 사실 『네크로노미콘』은 전설의 반열에 오른 호러 작가 H. P. 러브크래프트(Lovecraft)가 창조한 크툴루 신화에 계속 등장하는 괴기한 책이다. 이 책을 읽으면 누구나 죽는다.

또한 외계인의 문화가 이상하다. 가령 언어를 생각해 보라. 외계인이 있다고 가정하고 생각해 보면, 외계인이 사용하는 언어가 우리의 언어와 비슷할 리 없다. 하드 SF의 거장 테드 창(Ted Chiang, 姜峯楠)이 1998년에 내놓은 단편 「네 인생의 이야기」(Story of Your Life)가 외계인의 언어 문제를 생각하는 데 특별히 도움이 되는 텍스트다.[8] 최근 〈컨택트〉(Arrival)라는 제목의 영화로 제작된 이 단편소설은 발(pod)이 일곱(hepta) 개라서 헵타포드(heptapod)라 불리는 외계인들이 지구에 찾아오자, 이들과 조우하여 이들의 언어를 분석하기 시작하는 언어학자의 이야기를 딸과 외계인이라는 두 차원에서 다룬다. 이 소설은 실제로 외계인이 우리와 조우하게 될 경우 언어학자가 그들의 언어를 분석할 법한 방식을 보여 준다. 그들의 언어는 과거, 현재, 미래를 구별하지 않는 동시성이 특징인데, 그 외계인의 언어를 습득한 주인공의 내면에서도 시간이 뒤섞인다. 주인공은

---

7 클리브 바커(Clive Barker)는 "기거는 에일리언들을 그린 것처럼 보이지만, 더 유심히 들여다보면 그게 바로 우리 자신의 뒤틀린 모습임을 알게 될 것"이라고 말했다("에일리언의 아버지, 인간의 기괴한 본능을 일깨우다", "한국일보" 2014년 5월 30일). 바커의 평가가 옳다고 본다. 기거가 그려 낸 에일리언은 결국 우리의 (스스로 품어 주기 어려운) 이질적인 모습을 가시화시킨 것일 터이다. http://www.hankookilbo.com/v/9e9c9fb42d874bfe96e403717c7ac346

8 테드 창의 중단편 모음집인 "당신 인생의 이야기"(행복한책읽기, 2004)의 표제작이다. 그러나 국역본의 제목은 아쉽다. 책 안에서는 "네 인생의 이야기"라고 바로 되어 있는데, 국역본 제목은 '네'를 '당신'으로 바꾸었다. '네'와 '당신'이 가리키는 대상은 바로 외계인과 조우하는 주인공 언어학자의 딸이다. 어느 어머니가 자기 딸을 당신이라고 부르겠는가.

결국 새로운 정신구조를 가지고 살아가게 된다. 마지막 장면은 잔잔한 슬픔과 감동을 안겨 준다.

외계인에 대한 기술도 생경하다. 무엇보다 그들이 타고 오는 우주비행선이 그렇다. 이를 가리키고자 미 공군 조사단장 에드워드 J. 러펠트(Edward J. Ruppelt)가 만들어 낸 영어단어(UFO, Unidentified Flying Object) 자체가 그들의 우주비행선이 우리의 이해 수준을 넘어서는 물체임을 암시한다. 기본적으로 광속을 넘어서는 속도나 허공에 떠 있게 해 주는 반중력(反重力) 기술 등이 그렇다.

언제나 그들의 기술은 우리를 앞선다. 수메르 문명 때부터 외계인에 의한 수학과 농업 기술 이전이 있었다는 주장도 제기된다.⁹ 그런데 우주비행선을 타고 와서 가르쳐 주는 기술이 고작 농업이냐고도 묻고 싶다. 심지어 인류가 그들의 기술을 이전받았다고 주장하는 수준을 넘어 그들의 기술로 창조되었다고 주장하는 종파도 있다. 라엘리안 종파(Raëlian Movement)에 따르면, 인류는 외계인 엘로힘(Elohim)이 실험실에서 DNA를 합성해 만들어 낸 피조물이다. 문자 그대로 지적설계를 믿는 무신론자다(창조자가 초월적 신이 아니라 그저 외계인이니까). 영화 〈인디펜던스데이〉에서 외계인이 지구에 찾아올 때 고층 빌딩 옥상에서 그들을 환영하지만 외려 가장 먼저 박살나는 무리가 등장하는데, 바로 외계인을 창조주로 경배하는 라

---

9 수메르 점토판을 토대로 외계인이 지구 최초의 문명을 수립했다는 주장을 관철하는 제카리아 시친(Zecharia Sitchin)을 두고 하는 말이다. 다섯 권으로 출간된 '시친의 지구 연대기' 1권 『수메르, 혹은 신들의 고향』(2006, 이른아침)을 참조하라.

엘리안 종파를 풍자한 장면이다.

이는 곧 외계인들의 이지가 우리가 이해할 수 없을 정도로 뛰어나다는 뜻이다. 배리 소넨펠드(Barry Sonnenfeld)의 영화 〈맨 인 블랙〉(Men in Black)[10] 1편에서, 윌 스미스(Will Smith)가 요원 테스트를 받을 때 어린 소녀 과녁판을 쏜 이유도 그러하다. 어린 소녀의 손에 인형이나 동화책이 아니라 물리학 교재가 들려 있어서 이상했던 것이다. 우주비행선을 타고 지구에 올 정도의 외계인이라면 당연히 우리보다 뛰어난 이지를 가졌을 것이라는 암시도 여기에 담겨 있다. 어쨌든 그들의 모든 것이 우리에게 조금도 친숙하지 않다. 외계인은 이렇게 우리에게 낯설고 이상한 존재다.

두려움은 몰이해 가운데 증식한다

낯설고 이상하다는 것은 이해의 대상이 되기 어렵다는 뜻이다. 이해의 대상이 되지 못하면 두려움의 대상이 된다. 이해할 수 없으면 통제할 수 없기 때문이다. 마주한 대상을 이해할 수 있을 때에야,

---

10 〈맨 인 블랙〉의 원작은 그래픽 노블이다. 그래픽 노블은 만화의 일종으로, 소설의 복잡한 구성과 서사를 구현한다. 원작에서는 두 주인공이 모두 백인이었는데, 영화에서는 흑인(윌 스미스, J 분)과 백인[토미 리 존스(Tommy Lee Jones), K 분]으로 변경되었다. MIB라는 조직도 원작에서의 대중 조작과 같은 음험한 역할에서 인류 수호와 같은 긍정적 역할로 바뀌었다. 이 명칭은 외계인과 UFO(미확인비행물체)의 목격자들에게 나타나 목격 사실을 발설하지 말라고 협박하는 이들이 항상 검은 정장을 입고 나타난다는 데에서 유래했다는 주장이다.

혹은 적어도 자신의 프레임 안에서 적절하게 해석할 수 있을 때에야 사람은 평안을 찾게 된다. 낯선 타자(유태인 등)에 대한 해석의 주도권을 발휘할 수 없을 때, 두려움을 극복하기 위해 도입하는 해석의 수단이 바로 음모론이다. 음모론이야말로 두려움의 증거다. 정직한 직면을 회피하기 위한 왜곡된 이해에 불과하기 때문이다.

음모론은 일종의 정신병이다. 체스터턴(Gilbert K. Chesterton)이 『정통』(Orthodoxy, 아바서원)에서 지적한 바와 같이 정신병은 합리적이다. 실은 합리성의 과잉이다. "미치광이는 자기의 이성을 잃어버린 사람이 아니다. 이성을 제외한 모든 것을 잃어버린 사람이다."[11] 결과적으로 그 합리성이 포괄하는 영역이 현실보다 작다는 것이 문제가 되는 셈이다. 그의 이성은 완전하지만, 그 이성이 작동하는 영역이 너무 작다. 현실에 적응하는 데에 거의 불가능할 정도로 말이다. "이제 그 바깥에서 서서 경험적으로 말한다면, 가장 강력하고 가장 틀림없는 광기의 특징은 이 같은 논리적인 완벽함과 정신적인 위축의 결합에 있다"는[12] 것이 체스터턴의 판단이다.

광기의 덫에 걸리지 않기 위해서는 종종 진실(에 대한 합리적 이해 가능성)이 저 너머에 있는 경우도 있다는 사실을 받아들여야 한다. 이에 대해서는 음모론의 총집합이라 할 수 있는 미국 드라마 〈엑스파일〉(The X-Files)을 살펴보는 것이 도움이 될 것이다. FBI 요원인 폭스 멀더와 데이나 스컬리가 사건 파일 넘버 X로 시작하는 (외계인

---

11 G. K. 체스터턴, 『정통』, 홍병룡 역(아바서원, 2016), p. 56.
12 같은 책, p. 58.

을 포함한) 여러 음모와 신비 현상에 조우하는 내용을 중심으로 한 〈엑스파일〉은 인류 역사의 온갖 신화와 전설, 그리고 민담을 마음껏 소재로 가져다 쓴 괴작이다. 하지만 전체 이야기를 작동시키는 이면의 축은 외계인 음모론이다. 멀더 요원이 엑스파일을 맡게 된 근본 동기는 어렸을 때 여동생 사만다가 외계인에게 납치당했기 때문이다. 〈엑스파일〉은 외계인으로 시작해 외계인으로 끝난다고 해도 과언이 아닌데 모든 문제가 언제나 해결되는 동시에 은닉되고 봉합된다. 〈엑스파일〉은 우리에게 "진실은 저 너머에 있다"(The truth is out there)고 말한다. 그 말이 옳다. 우리에게 모든 것이 해명되는 것은 아니다. 우리는 이를 감내해야 한다. 아마도 이것이야말로 (맥락에 따라 인식이 달라질 수밖에 없겠지만) 우리가 삶이라는 미지의 영역 앞에서 취해야 할 통찰일 것이다.

현실은 합리와 비합리가 혼재되어 있다. 비단 신비한 체험만을 말하는 것이 아니다. 가장 평범한 것이야말로 비범한 것이기 때문이다. 우리 삶의 모든 순간이 언제나 정당한 논리적 이유로 해명되지는 않는다. 우리가 마주하는 모든 대상이 언제나 단일한 정체성으로 작동하지도 않는다. 내 속에 내가 너무도 많듯 타자의 경우도 마찬가지다. 문제는 나와 우리(가족, 마을, 교회, 학교, 회사, 민족, 국가 등)가 아닌 타자의 경우에 그 비일관성이 두려움으로 작동한다는 것이다. 가령 남성의 타자로서의 여성이나, 백인의 타자로서의 흑인, 자본가의 타자로서의 근로자를 들 수 있을 것이다.

특히 주목할 만한 대상은 유태인이다. 서구에서 오랫동안 공포의 대상으로 자리매김해 온 유태인을 음모론의 프레임으로 해석한 결과가 바로 시온의정서다. 시온의정서는 시온 장로들이 한자리에 모여 작성한 세계 지배 전략이라고 한다. 물론 이것은 체계적인 왜곡의 결실이다. 사실 이 문서는 유태인 이전에 예수회나 프리메이슨 등에도 활용되었다. 움베르토 에코(Umberto Eco)의 소설 『프라하의 묘지』(Cimitero di Praga, 열린책들)가 바로 시온의정서의 형성 과정을 잘 보여 주는 작품이다.

지배계급 배후의 파충류 외계인

이런 맥락으로 보면, 외계인이 음모론의 단골 소재가 되는 것은 당연하다. 외계인에 대해 우리가 알고 있는 것이 거의 없기 때문이다. 낯선 대상이기에 음모론의 프레임에 쉽게 사용되고, 두려운 대상이기에 음모론을 통해 필터링되지 않을 수 없다. 외계인이 낯설기에 당연히 두렵고, 그 두려운 대상인 외계인을 자기 식으로 파악하고 수용할 수 있게 만들어 주는 방식이 음모론인 것이다. 물론 이는 생각의 게으름과 용기의 결핍을 보여 준다. 그러나 현실 속 대중이 바로 그러한 존재다. 외계인 음모론은 자연스레 늘어날 수밖에 없다.

그러나 외계인 음모론이 외계인에 대한 두려움을 반영한다는 것은 외계인 자체보다는 이해될 수 없는 대상에 대한 은유라고 할 수 있다. 우리가 이해할 수 있으면 우리가 통제할 수 있다. 그러나 우리가 이해할 수 없으면 우리가 통제할 수 없다. 나아가 우리가 통제받을 수도 있다. 그러므로 외계인은 한편으로는 정치적·경제적 권력을 획득한 지배계급의 은유로 사용되기도 하지만, 다른 한편으로는 난민이나 단순 노동자, 그리고 외국인 노동자 등과 같은 불편한 타자, 즉 약자의 은유일 게다.

지배계급의 문제와 연결해 박봉성의 만화 『신이라 불리운 사나이』를 생각해 보자. 박봉성의 말에 따르면, 4부에 등장하는 유다야 신디케이트는 "수천 년 전 유대인의 결사조직을 모체로 이어져 온 실제 암흑계 조직이다."[13] 그런데 이 조직의 뒤에 외계인이 있다. 흥미로운 설정이 아닐 수 없다. 외계인과 유대인 모두 서구인들에게는(그리고 우리에게도) 미지의 대상이 아닌가. 우리의 주인공 피터팬이 맞서 싸우는 대상이 유대인을 넘어 외계인으로 연장되는 것은 결국 이해할 수 없는 대상을 정복하는 것과도 같다.

이와 비슷한 구조를 보여 주는 음모론이 바로 파충류 외계인 음모론이다. 이를 이해하려면 먼저 그림자 정부(Shadow Government)라는 개념을 알아야 한다. 이것은 이리유카바 최로 인해 널리 알려진 개념으로, 눈에 보이는 권력 집단 뒤에서 은밀하게 세계를 움직이는 세력을 의미한다. 이리유카바 최는 구체적으로 프리메이슨을 그림자 정부의 실체로 거명하며 일루미나티, 프리메이슨, 빌더버그 클

---

[13] "[만화]신이라 불리운 사나이 오늘 대단원", "한국일보" 2000년 12월 29일. http://entertain.naver.com/read?oid=038&aid=0000043103

[14] 자세한 내용이 궁금하다면, 우주적 규모의 헛소리에 732쪽의 지면을 할애한 『데이비드 아이크의 X파일: 유튜브의 성자, 21세기의 간디』(라의눈, 2014)를 보라.

럽 등 다른 조직을 부속 단체로 취급한다. 물론 그림자 정부의 핵심 세력으로 다른 어떤 주체나 조직도 거론할 수 있다. 바로 여기에 외계인을 가져다 놓는 것이 파충류 외계인 음모론이다.

파충류 외계인 음모론은 최근 운위되는 세계 10대 음모론에 당당하게 이름을 올렸다. 이것은 영국 소설가 데이비드 아이크(David Icke)가 주장한 것으로,[14] 간단하게 말해 세계를 지배하는 세력 뒤에 파충류 외계인이 있다는 것이다. 많은 지도자들이 외계인이고, 심지어 (당연히?) 조지 부시(George W. Bush)도 그렇다. 파충류 외계인과 인류의 전투를 다루어 흥행했던 미국 드라마 〈브이〉(V)에서 연원한 것일 터이다. 아이크가 드라마 〈브이〉에 너무 심취한 게다. 그러나 아이크의 논의는 우주와 역사를 포괄하는 광대한 사이즈로 전개되며, 역시 음모론 특유의 정합성이 돋보인다.

파충류 외계인 음모론이 현실적으로 뜻하는 것은 다음 두 가지다. 첫째, 그들은 (냉혈동물답게) 차갑고, (동공이 세로로 선 파충류의 눈에서 암시되듯) 교활하며, (전통적으로 이해되어 온 바와 같이) 욕망에 충실하다. 둘째, 인간의 가면을 쓰고 우리를 속인다. 그들의 친절한 미소는 그들의 더러운 탐욕을 감추고 있다. 그들의 화사한 외모는 그들의 사악한 의도를 가려 준다. 그러므로 이런 음모론은 앞서 말한 바와 같이 지배계급을 지칭하는 은유로 보는 것이 맞다.

장준환 감독의 2003년 영화 〈지구를 지켜라!〉에서 주인공 병구(신하균 분)는 자신이 외계인이라고 믿는 유제화학의 사장 강만식(백윤식 분)을 납치한다. 병구는 강 사장에게 고문을 가하며 정체를 밝히라고 요구한다. 그리고 간신히 탈출한 강 사장을 쫓아가다 형사의 총에 맞아 죽는다. 그런데 반전은 강 사장이 정말로 외계인, 즉 안드로메다 행성의 왕자라는 것이다(그는 지구를 파괴해 버린다). 또한 병구의 모친은 강 사장 밑에서 일하다가 병을 얻어 죽었다. 여기에서도 외계인은 지배계급의 표상으로 제시된다.

지배계급 곁에 있는 그레이 외계인

파충류 외계인 음모론이 종종 농담처럼 운위되는 데 반해 그레이 외계인에 대한 논의는 상당히 진지한 음모론으로 취급된다(두려움의 대상이라는 뜻이다). 비교적 머리가 크고 그 눈도 크고 검은 반면 작고 마른 몸매가 특징인 그레이(grey) 외계인은 외계인에 의한 납치설의 단골 주역이다. 이에 대한 구구한 설은 접어 두기로 하자. 그저 이들이 악의를 가진 존재로 이해된다는 점에 주목하는 것으로 충분하다(반복되는 피랍 체험을 경험하면, 그들에게 호의를 느끼기도 하는 모양이다).

그레이 외계인은 통상 미국 정부의 묵인 아래 인간을 납치해 인체실험을 한다고 알려져 있다. 미국이 반대급부로 받는 보상은 고도의 기술이다. 그러니까 외계인을 고문해서가 아니라 그들과 거래해 그들의 고급 기술을 얻는다는 소리다. 여러 음모론자들은 (1947년 7월에 발생한) 로즈웰 UFO 추락 사건을 기점으로 본다. 그러나 실은 미국의 군사실험 과정에서 벌어진 해프닝이었다. 이 추락 사건과 연동되어 널리 퍼진 외계인 해부 영상(Alien Autopsy: Fact or Fiction?)은 조작된 것이다. 그럼에도 이런 왜곡된 인식이 바로잡히지 않은 채 여전히 유포되고 있다.

코믹 SF 영화 〈황당한 외계인: 폴〉(Paul)이 웃긴 것은 그레이 외계인에 대한 이런 인식을 뒤집기 때문이다. 이 영화는 스티븐 스필버그의 영화 〈E.T.〉를 비웃는다. 60년 전 지구에 왔던 외계인 폴의 생김새는 E.T.의 외모와 다소 비슷하지만 행동거지는 영 아니다. 술과 담배를 즐기며 음담패설에 능하다. 심지어 자신의 치유능력으로 죽은 새를 되살린 다음 산 채로 잡아먹는다. 또한 영화 〈E.T.〉의 자문을 맡아 스티븐 스필버그와 연락했으며, 드라마 〈엑스파일〉이 자기 아이디어라고 주장한다. 무엇보다 미국의 기술 발전을 위해 (고문을 받은 게 아니라) 자문을 해 주며 미국의 보호를 받았으나, 이제는 용도폐기 처분이 내려져 생체 해부(되어 줄기세포가 채취)될 처지에 놓여 도망을 치던 중이다. 폴은 악한 외계인이 아니다. 딱 봐도 아재 외계인이다. 그러나 미국의 숨은 권력이 외계인의 존재와 기술에 대한 정보를 독점한다는 인식은 이 영화에서도 여전하다. 미국식 화장실 유머의 정수를 보여 주는 이 영화는 외계인에 대한 우리의 편견을 뒤집어 보게 해 준다.

사실 이런 유형의 음모론은 미국의 역사적 맥락에서 생산되고 유포되는 것이다. 미국 민중에게는 연방정부에 대한 분노와 두려움이 있다. 자기 가족과 마을을 제대로 도와주지도 않고 세금만 가져가는 연방정부를 증오한다. 그들은 스스로 자경단이나 민병대를 조직해 가족과 마을을 수호한다. 이런 이들에게 큰 정부와 많은 세금은 만 악의 근원이다. 그렇기에 언제나 검은 정장을 입고 나타나 지방 경찰을 지시하는 FBI 요원은 결코 사랑받지 못한다. 미국이 사랑하는 대통령 존 F. 케네디(John F. Kennedy)가 암살당한 이유가 외계인의 존재를 공개하려 한 탓이었다는 주장이 나오는 것도 이상하지는 않다.[15]

미국 민중은 지배층에 대한 분노와 두려움을 그들의 곁에서 암약하는 그레이 외계인에게 투사한다. 사실 지배계급의 뒤에 있으나 (파충류 외계인) 옆에 있으나(그레이 외계인) 무슨 차이가 있겠는가. 그들은 결국 지배계급의 실질적 위협을 보여 주는 존재다. 결국 정치적·경제적 권력을 쥐고 흔드는 자 앞에 선다는 것은 바람 앞의 촛불과 같다. 하인리히 폰 클라이스트(Heinrich von Kleist, 1777-1811)의 소설 『미하엘 콜하스』(Michael Kohlhaas, 창비)가 보여 주듯이 지배계급에 끝까지 저항하는 개인은 결국 죽는다. 20세기에 널리 유포된 외계인 납치설도 그런 맥락에서 볼 수 있을 것이다. 그러나 이것은 19세기 말에 유행한 요정에 의한 납치설의 연장에 불과하다. 결국 음모론 특유의, 사회와 지배계급에 대한 비판적 인식이 대상만 바꿔 가며 지속되고 있는 것이다.

음모론은 백인들 사이에서 매우 흥미로운 주제다. 거의 모든 백인들이 이런저런 음모론을 믿지만, 적절한 음모론을 선택해 좋아하면 정통한 수정주의 역사학자 대접을 받는 반면, 그릇된 음모론에 빠지면 바보 취급

---

15 "존 F. 케네디 대통령-외계 지적 존재 알리려다 암살." http://hospace.tistory.com/1094

16 크리스천 랜더, 『아메리칸 스타일의 두 얼굴』, 한종현 역(*Stuff White People Like*, 을유문화사, 2012), pp. 212-213.

을 당한다.…9·11과 외계인, 유대인 은행가, 달 착륙에 얽힌 음모론은 대개 백인들의 눈살을 찌푸리게 하기 때문에 그런 것을 사실로 믿게 되면 바보로 낙인찍히고, 아무리 애써도 명예를 회복하기가 불가능할 것이다.[16]

이것은 미국의 민주당 라인에 속한 작가 크리스천 랜더(Christian Lander)가 백인들(이라고 쓰고 민주당원이라 읽는다)의 라이프 스타일에 대해 쓴 책에서 음모론에 대해 다룬 부분이다. 여기에 숨어 있는 전제는 이것이다. 민주당은 선하고 민주당원은 영리하다. 공화당은 악하고 공화당원은 멍청하다. 그러니까 기본적으로 똑똑한 백인들은 모두 민주당원인 반면 바보는 대체로 공화당원이다. 민주당 라인은 본 시리즈가 말하는 음모론에 귀를 기울이고, 공화당 라인은 외계인 음모론에 경도된다는 것이다. 결코 그렇지 않다.

정당 선택의 근거를 지능으로 내세우는 것은 편견이다. 그리고 외계인 음모론을 선호하는 근거가 저열한 지능에 있지도 않다. 또한 민주당 지지자라고 해서 외계인 음모론에 관심이 없는 것도 아니다. 그 좋은 증거가 힐러리 클린턴(Hillary R. Clinton) 전 국무장관이 민주당의 대통령 후보 선거 경선에서 내세운 공약 중 하나다. 당시 강력한 경쟁 후보였던 버니 샌더스(Bernie Sanders)를 의식한 힐러리는 자신이 대통령이 되면 앞서 언급한 51구역에 UFO를 숨겨 두었다는 주장의 진위를 밝혀 주겠다고 천명했다. 사실 이에 대한 힐러리의 언급은 적어도 2007년까지 거슬러 올라갈 수 있다. 힐러리는 어느 기자의 질문에 답변하는 가운데 남편 빌 클린턴이 대통령으로 재직할 당시 정보공개법과 관련해 가장 관심을 가졌던 주제가 바로 UFO라고 말했다. "그는 '남편이 대통령 때 유에프오와 에리어 51의 진실이 뭔지를 밝히겠다고 했지만 아무것도 찾을 수가 없었다'며 '나는 다시 그렇게 할 것이다'고 말했다."[17] 힐러리의 약속에 이어 당시 캠프 선대본부장 존 포데스타(John Podesta) 또한 힐러리가 대통령으로 당선되면 미 연방정부가 보유한 UFO 관련 기록의 공개를 요청할 것이라고 언급함으로써 이것이 사실상 선거 캠프 차원의 결정이었음을 드러냈다. 그는 심지어 미국인들이 UFO와 외계인에 대한 진실을 받아들일 준비가 돼 있다고 밝혔다. UFO의 존재 가능성에 대해 은근한 암시를 한 것이다. 이러한 공약에 대한 평가는 이렇다. "힐러리가 UFO 문제를 거론하고 나선 것은 보다 많은 정보 공개를 원하는 민주당 유권자들을 의식한, 선거 전략의 일환이란 분석이 나옵니다."[18] 이 공약은 심지어 민주당 당선 후보로 나서게 된 이후에도 반복해 등장했다. 그만큼 민주당 지지자들이 외계인 음모론에 관심이 높다는 뜻이다.

그러므로 외계인 음모론을 선호하는 것은 특정 정당 지지 여부와는 무관하다. 크리스천 랜더의 접근은 전형적인 '내로남불'(내가 하

---

[17] "힐러리 클린턴은 외계인에 대해 알고 있다!", "한겨레" 2016년 5월 11일. http://www.hani.co.kr/arti/international/america/743381.html

[18] "힐러리 클린턴 '대통령 되면 UFO 진실 공개'…배경은?", JTBC 뉴스 2016년 4월 9일. http://news.jtbc.joins.com/article/article.aspx?news_id=NB11210494

면 로맨스, 남이 하면 불륜)식 접근이다. 민주당 라인이 얼마나 오만하고 편견에 사로잡혀 있는지를 보면 공화당만 탓할 일은 아니라는 것을 알게 된다. 결과적으로 보면, 그들의 이런 오만한 편견이 도널드 트럼프(Donald Trump)를 대통령으로 만들었다. 공화당 지지자들을 무시하고 방기하지 않았나. 민주당 라인에 속한 오만한 엘리트들은 미국 민중의 내면을 무시하고 결코 주목하지 않았다. 외계인을 두려워하는 민중의 태도는 물론 비합리적인 것이다. 그러나 그것의 표면만 바라보며 비아냥대는 것으로는 문제가 해결되지 않는다.

노동자의 표상으로서의 외계인

이러한 이면을 염두에 두고 본다면, 외계인을 불편한 타자의 은유로서 보는 것도 자연스럽다. 〈맨 인 블랙〉 1편의 도입부는 미국의 불법 이주노동자들이 실은 외계인임을 보여 준다. 곧 미국인들의 인식 속에서 외국인 노동자는 외계인처럼 낯설고 위험한 존재인 셈이다. 더욱이 이들이 자기들의 일자리를 빼앗았다고 생각한다! 그런데 실은 이들이 없으면 미국 시장의 엔진이 제대로 돌아갈 수도 없다. 〈맨 인 블랙〉 2편을 보면, 요원 K가 기억을 삭제당한 상태로 우체국에서 우체국장으로 일한다. 그런데 알고 보니 이 우체국의 업무는 모두 외계인 노동자들에 의해 굴러가고 있다. 외계인이 1편의 도입부에서 외국인 노동자의 은유로 사용된 것처럼, 2편에서는 단순 노동자의 은유로 제시되고 있다. 결과적으로 〈맨 인 블랙〉 시리즈가 외계인의 존재를 통해 계속 보여 주는 것은, 그들이 우리의 현실 세계의 일부를 구성하는 이웃, 우리보다 더 어려운 처지에 놓인 노동자라는 사실이다.[19] 미국 민중의 두려움을 반영하는 1편의 암시는 도널드 트럼프의 당선으로 연결된다. 위계적 노동 현실을 비판한 2편의 메시지는 민중을 충분히 설득하지 못했다.

이런 두려움은 닐 블롬캠프(Neill Blomkamp)의 영화 〈디스트릭트 9〉(District 9)에서도 반복된다. 여기에서 외계인은 급기야 난민의 은유로 활용된다. 남아프리카공화국에 불시착한 외계인들이 요하네스버그 부근 수용구역(District 9)에서 28년이나 관리받고 있는 상황에서 이야기가 전개된다. 외계인관리국(MNU)은 마침내 디스트릭트 9을 강제 철거하기로 결정하는데, 그 프로젝트의 책임자 비커스가 외계인의 미확인 물질에 노출되어 외계인이 되어 간다. 카프카(Franz Kafka)의 『변신』에서 그레고르 잠자가 벌레로 변신한 것처럼, 비커스의 변형이 영화를 이끌어 가는 축이 된다. 우리의 논의에서 중요한 것은 수용소의 난민이 외국이 아니라 외계에서 왔다는 사실이다. 외계인이 인류를 침공한 것이 아니라 인류가 외계인을 통제한다. 이것은 명백히 사회 비판적 메시지를 담고 있다. 지배자의 표상에서 난민의 표상에 이르기까지 외계인이 실로 폭넓게 활용되고 있음을 알 수 있다.

[19] 물론 2편의 서사는 슬픈 로맨스를 기저에 깔고 있으며, 3편의 서사는 애절한 부성애를 보여 준다. 그러나 이는 표층적인 서사의 진행을 추동하는 장치일 뿐이다. 부친과 아내의 죽음이라고 하는 결핍이 서사 전체를 이끄는 슬라이드 퍼즐의 빈 칸과 같은 역할을 한다.

외계인이 우리에게 의미하는 것은

외계인이 이렇게 다양한 대상을 포괄할 수 있는 이유는 우리에게 미지의 대상이기 때문이다. 이 지점에서 외계인의 존재 여부에 대한 신학적 함의를 살펴보려 한다. 사실 본 글에 맞지 않는 주제다. 아니 애초에 내 역량을 넘어서는 주제다. 과학적으로는 충분히 가능하다고 알고 있지만, 신학적으로 어려움을 유발한다. 문제는 구원론에서 비롯된다. (신학적으로 이견이 있지만) 아담으로 인해 원죄가 생겼고, 그리스도께서 십자가에 달려 죽으시사 구속을 이루셨다. 그렇다면 이 원죄와 구속의 적용 범위가 우주적인가, 지구적인가? (우주인의 존재를 사실로 전제하고 논의를 진행하자)

우주적 그리스도에 대한 신앙을 선언한다면, 구속의 우주적 범위를 인정하는 것이 자연스럽다. 그렇다면 외계인도 아담의 근원적 죄를 물려받을 것이다. 심지어 지구보다 먼저 생긴 행성에 거주하는 외계인이라도 그럴 것이다. 아담이 선악을 알게 하는 나무의 열매를 먹은 그 순간을 기점으로 말이다. 그렇다면 외계인들로서는 아주 곤혹스런 문제가 될 수밖에 없다. 우리가 그들에게 가서 복음을 전하기 전에는 하나님과의 관계가 회복될 수 없으니 결과적으로 지옥행을 면할 방법이 없지 않겠는가? 우리의 과학기술 수준이 미천하여 외계인에게 가서 그들을 제자 삼을 수가 없으니 원통한 노릇이다.

아무래도 (그리스도의 우주적 주권을 믿는다 치더라도) 원죄와 구속의 적용 범위를 지구에 한정시켜야 할 것 같다. 하지만 그렇게 한정하더라도 여전히 문제는 꼬인다. 그 원죄와 구속의 적용은 속지권(屬地權)을 따를 것인가, 속인권(屬人權)을 따를 것인가? 아마도 대부분의 복음주의 신학자가 속인권을 택할 것이다. 지구인 부부가 다른 행성에 가서 낳은 아이 역시 원죄를 물려받는다고 볼 것이기 때문이다.

그러면 이야기를 뒤집어 보자. 외계인 부부가 지구에 와서 출산한다면, 그 태어난 아이의 원죄 여부는 어떻게 될까? 아담의 원죄와 그리스도의 구속이 지구를 해당 범위로 삼는다고 범위를 좁혀 놓았으니, 이곳에 존재하는 것만으로도 (속지권을 적용해) 원죄와 구속의 적용 범위에 해당하지 않을까? 그렇다면 지구에 온 UFO 가족과 지구인의 조우를 다룬 코믹 SF 영화 〈8번가의 기적〉(Batteries Not Included)에서 그 귀여운 아기 UFO에게는 속지권이 적용되어 원죄가 있는 셈이다. 지구인의 성적 행위에 대해 보이던 아기 UFO의 호기심을 원죄의 영향으로 봐야 할지도 모르겠다.

안 그래도 속지권과 속인권 사이에서 갈팡질팡하겠지만, 이제 외계인과 지구인이 만나 사랑하여 그 결실로 아이가 태어나면 문제는 더 혼란스러워질 것이다. 〈가디언즈 오브 갤럭시〉의 주인공 스타로드는 (각주 4번에서 언급한 대로) 지구인과 외계인이 맺은 사랑의 결실이다. 스타로드에게는 원죄가 있을까? 물론 원죄가 없다 하더라도 그 행실을 봐서는 회개하고 그리스도를 영접해야 할 것 같다.

외계인의 존재가 유발하는 신학적 곤경을 언급한 이유 역시 결국 외계인이라는 대상이 우리에게 미지의 영역으로 존재한다는 것을 지적하기 위해서다. 만약 외계인이 모습을 드러낸다면, (기독교를 포함한) 모든 영역이 격변에 처하게 될 것이다. 하지만 아직 그 존재가 모호한 상황에서는 텅 빈 기표로서 강자(지배계급)나 약자(난민, 단순 노동자, 외국인 노동자 등)의 은유로 활용되는 것이 이상하지 않다. 이 글에서는 주로 미국적 맥락에서 활용된 논의를 소개했지만, 이것이 우리에게도 별 차이 없이 수용되고 있다. 우리는 미국을 욕망하고 모방하기 때문이다.

외계인 담론이 활용되는 방식은 우리의 현실을 그대로 보여 준다. 결국 우리가 알지 못하는 대상에 대한 두려움을 의미한다. 그로 인한 결과가 음모론이다. 대부분의 음모론은 이웃 사랑의 대척점에 선다. 이웃 사랑의 계명은 두려움을 물리치고 이웃을 알고자 하는 노력을 요구한다. 아무래도 지배층에 대한 이해가 커지면 분노가 커질 확률이 높다. 그러나 소외층에 대한 이해가 늘면 긍휼 역시 늘어날 가능성이 높다. 우리는 강자에게 강하고, 약자에게 약(은유)하고자 노력해야 한다. 그것이 이웃 사랑의 참모습이고, 우리 주님이 보여 주신 삶이다.

이원석
문화연구자이자 서평가. 연세대학교 신학과 학사와 석사를 거쳐 중앙대학교 문화이론 박사 과정을 수료했다. 저서로는 『거대한 사기극』, 『인문학으로 자기계발서 읽기』, 『공부란 무엇인가』, 『인문학 페티시즘』, 『공부하는 그리스도인』, 『서평 쓰는 법』 등이 있다.

과학의 눈으로 본 외계 행성, 생명, 지성, 문명

과학 연구를 중심으로

우종학

인류의 탐구 영역은 수천 년의 지성사를 거치며 마치 팽창하는 우주처럼 넓어졌다. 거주 지역 밖을 별로 벗어나지 않고 살던 인류는 교통기술의 발달로 6개 대륙의 지구를 마음껏 누비며 살고 있다. 20세기 후반에는 달 표면에 인간의 발자국을 찍었고, 100억 킬로미터나 떨어진 태양계 끝에 무인 탐사선 보이저호를 보냈다. 화성에선 나사(NASA)가 보낸 로버(rover)들이 지표면을 탐험하며 수많은 사진을 지구로 전송한다. 지구가 더 이상 인류의 보금자리가 될 수 없는 미래를 대비해 지구 밖에 제2의 안식처를 건설하기 위한 연구도 활발하게 진행되고 있다.

 '지구 밖에 또 다른 세계가 존재할까'라는 질문은 밤하늘을 쳐다보기 시작한 고대인들에게서 이미 시작되었을 것이다. 다른 세계에 대한 호기심은 과학의 원동력이며 나는 누구인가, 인간은 무엇인가를 묻는 기원에 관한 질문에 답하려는 노력을 끌어낸다. 인류가 겨우 탐사선을 보낸 태양계의 밖은 훨씬 더 광활한 세계다. 우리 눈으로 직접 볼 수 있는 밤하늘의 수천 개의 별들은 광속으로 수백, 수천 년이 걸리는 먼 거리에 있고, 2천 억 개의 별로 구성된 우리은하의 크기는 직경이 수십만 광년이 넘는 거대한 구조다. 20세기 초에는 우리은하 밖에 안드로메다은하와 같은 또 다른 세계가 있다는 것이 알려졌으며, 지금 우리는 100억 광년이 넘는 광대한 우주에 우리은하나 안드로메다은하처럼 대략 1천 억 개 단위의 별을 거느린 은하가 약 1천 억 개가량 존재한다는 사실을 안다.

그렇다면 이 우주의 어느 행성에 혹시 외계 생명체가 존재하지 않을까? 우리 인류 말고도 다른 지적 생명체가 우주 어딘가에 존재하지 않을까? 만약 이 광활한 우주에 우리뿐이라면, 칼 세이건(Carl Sagan)의 영화 〈콘택트〉(Contact)에 나오는 대사처럼, 이 우주는 공간의 낭비가 아닐까? 현대의 그리스도인들도 같은 질문을 던진다. 이 우주에 지성을 가진 창조물은 우리 인류뿐일까? 외계에 지적 생명체가 존재한다면, 그들도 우리처럼 언어를 가지며 추상적 사고를 하는 존재일까? 하나님이 외계에 지적 생명체를 창조하셨다면, 그들도 우리처럼 타락했을까?

꼬리를 물고 이어지는 질문이 우리를 시험에 빠트릴지 모른다는 두려움도 있겠다. 창조주의 창조 역사는 우리에게 일반계시로 주신 자연이라는 책에 낱낱이 담겨 있다. 그 책을 주의 깊게 읽고 창조의 과정을 배우는 일은 우리의 제한된 사고 안에 창조주를 가두는 것보다 훨씬 건강하다. 하나님을 창조주로 고백하면서도 그의 창조 역사가 담긴 우주를 탐구하기 두려워한다면, 그것은 불신앙이다. 이 글은 외계 생명과 관련된 현대 과학의 탐구를 살펴보고 과학의 발견과 예측이 기독교 신앙에 던지는 질문들을 고찰한다.

외계 생명 연구의 출발점

외계 행성, 외계 생명체, 외계 지성, 외계 문명

외계 생명에 관한 논의를 위해 다음의 네 가지 개념을 구별해 사용하려 한다. 우선 태양계 밖에 존재하는 외계 행성, 그리고 지구 외의 행성에 살고 있을지 모르는 외계 생명체, 그다음으로는 외계 생명체 중에서도 지성을 가진 외계 지적 생명체, 마지막으로는 외계의 지적 생명체가 이루어 낸 외계 문명이다. 외계 행성(exoplanet or extrasolar planet)은 지구가 속한 태양계 밖 다른 별이 거느린 행성을 지칭한다. 외계 생명체(extraterrestrial life forms)는 지구 밖 외계에 존재하는 생명체를 말한다. 화성 등의 태양계 행성에서 생명체가 발견되면 외계 생명체라 부른다. 그래서 태양계 내의 화성이나 목성의 위성들을 외계 행성이라 부르진 않지만 그 행성들은 외계 생명의 존재를 탐구할 대상에 속한다. 외계 행성 중 지구와 비슷한 환경을 가져서 생명체가 존재할 가능성이 있는 행성을 거주 가능한 외계 행성(habitable explanet)이라고 한다. 외계 지적 생명체(혹은 외계 지성, extraterrestrial intelligence)는 외계 생명체 중에서도 인간처럼 고도의 지성을 가진 생명체를 일컫는다. 외계 문명은 외계의 지적 생명체가 과학기술의 발달을 통해 문명을 이룬 경우를 말한다. 특히 전파신호와 같은 통신기술을 가졌다면 지구에서 그들의 존재를 검출할 가능성이 있기 때문에 생물학적 차원을 넘어 사회적이고 기술적인 면을 고찰할 필요가 있다.

과학자들은 외계 행성 중에서도 지구형 행성처럼 거주 가능한 외계 행성을 외계 생명이 존재하기 위한 필요조건으로 여긴다. 또한 외계 생명체의 존재가 외계 지성이 존재한다는 충분조건은 아니지만, 생물진화 과정의 귀결로 지성을 가정하는 견해가 일반적이다. 엄밀하게 말하면 거주 가능 외계 행성의 발견이 외계 생명체가 존재한다는 직접적 증거가 될 수 없고, 외계 생명의 발견이 외계 지성이 존재한다는 직접적 증거도 아니다. 그러나 지구의 생명현상을 탐구해 온 현대 과학에 기초하면, 거주 가능 외계 행성의 발견은 외계 생명체가 존재할 가능성을 높이고, 외계 생명체가 발견된다면 외계 지성의 존재를 가리키는 강한 힌트가 될 것이다.

지구 생명체에 대한 이해 : 생명의 탄생, 생물 진화, 지성의 탄생

외계 생명을 탐구하려면 먼저 생명현상에 대한 이해가 선행되어야 한다. 우리가 아는 생명체는 지구에 존재하는 생명현상에 국한된다. 외계 생명이나 외계 지성이 반드시 지구의 생명체나 지성과 같은 형태여야 한다고 과학이 결론 내린 적은 없다. 그러나 경험적 데이터를 바탕으로 하는 과학은 우리가 현재 갖고 있는 지식에서 출발하는 합리성을 요구한다. 이 관점을 따라 외계 생명이 지구의 생명과 비슷할 것이라는 가정을 출발점으로 삼는다. 그렇다면 생명현상에 대한 현대 과학의 이해를 간단히 살펴보자.

지구에서 가장 오래된 생물의 화석은 대략 5억 년까지 거슬러 올라간다. 그 이전 시대는 미생물의 흔적이 화석으로 남아 있으며, 최초의 생명체는 대략 35억 년에서 41억 년 전에 발생했다. 생물의 시대가 시작된 시기는 지구 생성 초기로 알려졌지만 그러나 현대 과학은 최초의 생명체가 어떻게 탄생했는지에 대해 엄밀한 답을 제공하지 못한다. 잘 알려진 밀러의 실험(Miller-Urey experiment)은 지구 원시 대기에서 복잡한 분자들이 형성될 가능성을 보여 주었지만, 고분자에서 DNA 혹은 RNA가 만들어지고 세포가 형성되는 과정은 여전히 비밀에 쌓여 있다. 단세포가 생성된 이후의 과정은 비교적 쉽게 설명될 수 있지만, 최초 생명체의 탄생 과정은 여전히 과학이 탐구해야 할 숙제로 남아 있다.

최초의 생명체 이후 생물의 진화 과정은 상대적으로 잘 알려져 있다. 200년이 채 되지 않은 비교적 짧은 역사의 진화생물학이 진화의 모든 과정을 면밀히 밝혀 낸 것은 아니다. 그러나 유전적 다양성의 증가와 종의 분화는 실험실에서 관찰되며, 현존하는 생물종들이 공통 조상에서 분화되었다는 것은 생물학의 정설이다.

생물 진화 과정에서 가장 흥미로운 종은 호모 사피엔스다. 인간은 다른 영장류와 비교해도 큰 차이점을 보인다. 간단한 언어를 구사하는 종들과 달리 인간의 언어는 개념적이고 추상적이며 일인칭 시점을 갖는다. 단순한 정보처리 과정이나 간단한 학습 수준을 넘어서 고도의 개념적이고 추상적인 의식을 고등동물들도 갖고 있다는 증거는 아직 없다. 이런 점에서 인류는 문명을 이룬 지적 생명체라고 부를 수 있다. 뇌과학을 통해 지성을 설명하려는 노력이 빠르게 발전하고 있지만, 인간의 지성을 뇌의 물리화학 작용으로 환원할 수 있다는 환원주의자들의 주장과 달리, 인간의 지성에는 환원될 수 없는 속성이 있다는 주장도 있다. 과연 지성의 기원을 진화의 과정으로 설명할 수 있는가라는 질문은 아직 베일에 쌓여 있다.

최초 생명체의 출현에 대한 설명의 부재, 생물 진화 과정에서 아직 해결되지 않은 과제들, 그리고 인간 지성의 기원에 관해 밝히지 못한 내용들을 종합해 보면, 생명과 지성이 탄생하는 과정을 과학이 아직 엄밀하게 알아내지는 못했다고 결론지을 수도 있다. 그래서 일부 그리스도인들은 생명의 탄생이나 종의 분화, 그리고 지성의 탄생은 원천적으로 과학으로 설명될 수 없는 초자연적 과정이라고 주장한다. 즉 신이 생명체를 만드는 과정은 자연적 원인을 사용한 인과적 과정이 아니라 기적적으로 창조했다는 주장이다. 진화 과정도 마찬가지다. 종의 분화는 자연적으로 일어날 수 없기 때문에 진화는 자연적 과정이 아니라 신이 간섭한 과정이라고 주장한다. 인간은 동물과의 연속성에서는 설명할 수 없는 의식(지성)을 가지며, 이는 인과적 진화 과정을 통해 창조된 것이 아니라 신의 직접적 창조를 통해서만 가능하다는 입장이다. 반대로 무신론자들은 과학이 현재 이 세 과정을 잘 설명하지 못한다고 해서 신이 기적을 사용한 증거가 되는 것은 아니며 앞으로 충분히 과학으로 설명할 수 있다고 주장한다. 또 다른 기독교적 견해에 따르면, 신의 기적 대신 창조주가 자연의 인과관계들을 통해 생명체나 생물 진화, 인간의 지성을 창조한 것으로 본다. 이 입장은 신이 기적을 일으키러 가끔씩 지구에 방문하는 것이 아니며, 자연적 창조 과정은 신이 배제된 채 우연히 무목적으로 일어나는 것이 아니라 신이 섭리하는 과정이라고 주장한다.

과학은 이 세 가지 견해 중 어느 것이 옳은지 판단해 주지 않는다. 과학은 생명, 진화, 지성의 탄생을 자연의 인과관계로 설명하려는 시도이며 그 자체는 유신론적이지도 무신론적이지도 않다. 과학은 학문의 정의상 기적이나 초자연적 원인을 가정하지 않는다. 그렇기 때문에 현재 엄밀한 설명이 부족하더라도 지구의 역사에서 최초의 생명체와 지성이 탄생한 인과 과정을 밝히기 위해 끊임없이 노력하는 것이 과학의 작업이다.

생명체의 존재 조건

생명체가 존재하려면 지구와 비슷한 환경이 필요하다. 탄소가 생성되지 않았던 우주 초기에 생명체가 존재했다고 상상하기는 어렵다. 질량이 큰 별들이 내부에서 탄소를 비롯한 중원소들을 융합해 우주 공간에 공급한 우주 역사 후반부에나 생명체가 존재할 수 있는 환경이 조성되었다. 생명체가 존재하려면 표면 온도가 수천 도에서 수만 도가 되는 별보다는 지구나 화성처럼 단단한 지표면을 가진 행성이 적합하다. 특히 물이 액체 상태로 존재하고 태양빛(별빛)을 받아 생명현상의 에너지원으로 사용 가능해야 한다. 그래서 이런 조건을 갖춘 거주 가능 행성을 찾는 일이 외계 행성 탐구의 주된 목표다. 거주 가능 행성에서도 지구에서 일어난 생명의 역사와 비슷하게 생명체가 출현하고 생물 진화가 일어나 지적인 생명체까지 탄생할 것이라는 가정이 외계 생명 연구의 출발점이다.

물론 지구의 생명체와 전혀 다른 종류의 외계 생명체가 존재할 가능성을 배제할 수 없다. 영화 〈트랜스포머〉(Transformers)에 등장하는 외계인처럼 기계를 몸으로 가진 생명체, 혹은 컴퓨터와 비슷하게 실리콘을 기반으로 하는 생명체가 존재할지도 모른다. 그러나 이런 가능성은 단지 가능성으로 열어 둘 뿐 현재 구체적인 과학 탐구의 내용은 아니다.

외계 생명 탐사

현재 진행되는 외계 생명에 대한 과학 연구는 태양계 탐사, 외계 행성 탐사, 외계 생명 탐사, 외계 문명 탐사 등 네 가지로 나눌 수 있다. 각각의 단계를 살펴보자.

태양계 탐사

지구가 속한 태양계에서 외계 생명체를 찾으려는 시도는 이미 오래되었다. 8개의 행성과 각 행성에 딸린 위성들, 그리고 많은 소행성과 혜성으로 구성된 태양계는 무인탐사선을 보내 직접 탐험이 가능한 우주 공간이다. 1970년대에 나사가 발사한 보이저호로 대표되는 태양계 탐사의 역사는 이미 반세기나 되었고, 태양계의 마지막 행성인 해왕성을 보이저호가 통과한 지도 25년이 지났다. 태양계 탐사는 외계 생명체의 존재를 직접 확인할 수 있다는 가능성 때문에 큰 관심을 끌었다. 특히 화성이나 목성의 위성들의 경우는 행성

지질학이나 행성 대기학을 연구할 수준까지 탐사가 진행되었다.

생명체의 존재 조건인 물의 흔적을 찾는 일이 중요하다. 지구 밖 인류의 거주지로 꼽히는 화성의 경우, 지난 수십억 년 동안 표면에 물이 흘렀다는 흔적은 발견되지 않았다. 그러나 화산 활동 지역에서 소규모로 물이 흘렀다는 증거들이 최근 제시되고 있다. 수십억 년 전에는 화성에 물이 많았고 날씨가 더 따듯했으며 생명체가 살기에 적합한 조건이었을 것으로 추정된다. 그 과거에 화성에 생명체가 살았음을 입증하려면 생물 화석을 찾아야 한다. 그러나 화성의 지질 표본을 직접 분석하는 연구는 이제 겨우 초보 단계에 접어들었다. 스피릿(Spirit), 오퍼튜니티(Opportunity), 큐리오시티(Curiosity) 등 로버라고 불리는 바퀴 달린 탐사 장치들은 카메라를 달고 화성 표면을 수년씩 탐사하며 엄청난 양의 영상을 지구로 전송하고 있다. 특히 2012년 8월에 화성에 도착해 지금도 탐사 중인 큐리오시티는 화성의 지질과 대기 연구가 주 목적이며 흙을 채취해 성분 분석을 할 수 있는 작은 실험실도 갖추고 있다.

행성 대기를 통해 생명체의 흔적을 찾는 방법도 있다. 가령 메탄은 화성 대기에서 수백 년 이상 남아 있을 수 없어 다른 성분으로 변한다. 그런데 화성 대기에 메탄이 존재한다는 증거가 발견되자 메탄이야말로 생명체의 흔적이라는 주장이 제기되었다. 한편 화산 활동으로 인해 메탄이 발생했다는 의견이 이에 맞서고 있다. 메탄이 화산 활동에 의한 것이라면 화성 지표 밑에 액체 상태의 물이 존재함을 시사하기 때문에 메탄은 과학적으로 중요한 탐구 대상이다.

화성뿐만 아니라 목성의 위성 등 다른 행성과 위성들을 탐사하는 태양계 탐사는 지난 반세기 동안 지속되었지만 외계 생명의 증거를 발견하지 못했다. 세간의 주목을 끈 몇몇 발견이 있었지만 외계 생명체의 결정적 증거는 아직 없다. 가령 1984년에 발견된 운석 ALH84001은 화성에서 온 운석이며 1996년에 생물 화석 증거를 찾았다는 발표로 화제가 되었다. 연대 측정을 통해 이 운석이 41억 년 전에 생성된 것으로 밝혀졌고, 그 당시 화성에 물이 존재했다면 생명체의 흔적이 운석에 담길 수 있다는 개연성은 충분하다. 그러나 이들이 발견한 흔적은 다른 원인들로도 충분히 설명되며, 과학자들은 생물학적 요인이 아닌 다른 원인에 의해 생긴 흔적으로 판단하고 있다.

외계 행성 탐사

밤하늘에 빛나는 별들이 태양처럼 핵융합반응을 하는 거대한 가스 덩어리라고 알려진 이후 과학자들은 수많은 별들도 태양처럼 행성들로 구성된 하나의 계(system)를 형성하고 있을 것으로 예상했다. 그러나 스스로 빛을 내지 못하고 별빛을 반사하는 행성은 별에 비해 너무 어둡기 때문에 외계 행성의 존재는 최근에야 확인되었다. 최초의 외계 행성은 1992년에 펄사(pulsar)라는 특별한 종류의 별 근처에서 발견되었고, 그 이후 1995년에는 드디어 태양과 비슷한 종류의 별인 51페가수스(51 Pegasi)에 딸린 행성이 발견되었다. 이 행성은 목성형 행성으로 분류되는데, 목성형 행성은 질량이 커서 중력 효과가 크기 때문에 발견하기가 쉽다. 그 이후 외계 행성 탐사는 본격화되었고 특히 가스 형태로 존재하는 목성형 행성보다 단단한 지표를 갖는 지구형 행성을 찾기 위한 노력이 본격화되었다.

외계 행성을 찾는 탐사 방법은 크게 세 가지다. 첫째, 행성의 인력을 받아 별이 미세하게 운동하는 과정을 검출하는 것이다. 별이 지구 쪽으로 가까이 올 때와 멀어질 때 도플러 효과(Doppler effect)에 의해 별빛의 파장이 주기적으로 달라지는데, 이 변화를 검출하면 외계 행성의 존재를 알 수 있다. 둘째, 행성이 별 주위를 공전하다가 별빛을 가리는 현상을 관측한다. 별에 비해 행성의 면적이 작기 때문에 별빛이 미세하게 줄어들며 그 과정이 행성의 공전주기에 따라 반복되는데, 이 효과를 찾아서 외계 행성의 존재를 검출한다. 셋째, 행성의 중력에 의해 빛이 휘는 효과를 미세중력렌즈로 검출하는 방법이다.

세 가지 방법을 사용해 온 외계 행성 탐사는 특히 2009년에 발사된 케플러망원경 프로젝트를 통해 큰 성과를 거두었다. 2017년 2월 현재 확증된 외계 행성의 숫자는 3,449개이며, 확증되지 않은 외계 행성 후보는 4,696개다. 확증된 3,449개 행성 중 얼음형 행성은 1,264개, 가스형 행성은 1,043개, 암석형 행성은 348개, 그리고 지구와 비슷한 크기로 분류되는 초지구형(super-earth) 행성은 781개며, 나머지 13개는 미분류 상태다.

외계 행성 중에서 생명체가 살 가능성이 있는 지구형 행성을 찾는 일이 가장 관심을 끈다. 특히 행성의 위치가 물이 액체 상태로 존재할 수 있는 거리만큼 별에서 떨어져 있는지 여부가 중요한 조건이다. 별의 온도에 따라 이 적정 거리는 달라지는데, 흔히 거주 가능 지역(habitable zone)이라 부른다. 외계 행성 탐사에서는 별의 질량과 온도, 행성의 질량과 크기, 별과 행성 사이의 거리를 측정하기 때문에, 발견된 외계 행성 중에서 거주 가능 행성들을 골라 낼 수 있다. 지금까지 발견된 거주 가능 행성 중에서 특히 지구와 비슷하여 생명체의 존재 가능성이 클 것으로 주목되는 행성도 여러 개 있다.

지금까지 발견된 외계 행성은 수천 개에 불과하지만 그 수는 계속 증가할 것이며 실제로 우리은하에는 훨씬 더 많은 수의 외계 행성이 있다고 추정된다. 우리은하의 2천 억 개의 별이 평균 하나의 행성을 갖는다면 약 2천 억 개의 외계 행성이 존재한다. 그 중에서 태양과 비슷한 종류의 별에 딸린 지구형 행성이면서 액체 상태의 물이 존재할 수 있는 지역에 위치한 행성의 비율을 파악하면 거주 가능 행성의 수를 추정할 수 있다. 지금까지 연구 결과를 바탕으로 추정하면, 우리은하 내에 거주 가능 외계 행성의 수는 약 100억 개다.

그러나 거주 가능한 외계 행성이 어떤 물질로 구성되어 있는지, 대기에는 어떤 성분이 있는지에 대해서는 거의 알려진 바가 없다. 2020년대에 활용될 제임스웹우주망원경(JWST)이나 나사의 차세대 우주망원경인 WFIRST 등을 사용해 행성이 반사하는 빛을 직접 관측하고 대기 성분을 분석하는 연구가 계획되고 있지만 외계 행성의 대기에서 생물의 흔적을 찾기까지는 향후 수십 년 이상 걸릴 것으로 보인다.

외계 생명체 탐사

일상적 연구가 된 외계 행성 탐사에 비해 외계 생명체를 직접 탐사하는 일은 아직도 요원하다. 거주 가능 외계 행성의 발견은 단지 시작일 뿐 생명체의 존재를 검증하기는 쉽지 않다. 가장 큰 어려움은 외계 행성이 너무 멀리 있다는 점이다. 현재 기술로는 먼 거리의 행성에 생명체가 있는지 직접 확인하는 것은 거의 불가능하다.

외계 생명체를 직접 탐사할 가능성은 2016년 여름에 고조되었다. 프록시마 센타우리(Proxima Centauri)라는 별이 거느린 외계 행성이 발견되었다는 발표가 나왔기 때문이다. 이 외계 행성이 특별한 이유는 태양계로부터 4광년 떨어진 비교적 가까운 곳에 위치하기 때문이다. 무인 우주선을 보내 직접 외계 생명체를 탐사할 수 있는 가장 유력한 외계 행성이 발견된 것이다. 만일 광속의 10-20퍼센트 정도의 속도를 내는 무인 우주선이 개발된다면 대략 수십 년 만에 우주선을 이 행성에 보낼 수 있다. 외계 행성을 직접 탐사하는 기술 개발은 우리 세대에 성공하지 못할 수도 있지만 그리 멀지 않은 미래에 충분히 가능한 일이다. 화성을 탐사하듯 거주 가능한 외계 행성에 탐사선을 보내 지질과 대기를 직접 연구하게 된다면 외계 생명 탐사에 새로운 문이 열리는 셈이다.

비교적 가까운 거리로 인해 대중의 관심을 끌었지만 사실 이 외계 행성은 생명체가 살기에 좋은 조건을 갖추진 않았다. 별에서 너무 가까워 별의 영향을 쉽게 받는다. 생명체에 위협적인 엑스선이 지구에 비해 400배나 강하게 들어오며, 별이 내는 강한 자기장이 행성의 대기나 생명체의 존재에 어떤 심각한 영향을 미칠지도 모른다. 이 행성에 혹시 생명체가 살고 있다면 방사능에 강한 색다른 생명체일지도 모른다. 향후 외계 행성 탐사를 통해 훨씬 좋은 조건을 갖춘 거주 가능 행성이 비교적 가까운 거리에서 발견될 가능성도 있다. 외계 생명체를 직접 탐사하는 일은 이제 겨우 후보들을 찾고 탐사 방법의 아이디어를 마련하는 수준이다. 그러나 외계 행성 탐사 결과가 축적되고 과학기술이 더 발전하면 태양계 탐사 다음으로 가장 중요한 탐사 연구가 될 것이다.

외계 문명 탐사

외계 생명을 직접 탐사하는 일은 미래의 일인 반면 외계 문명의 신호를 찾는 일은 이미 오래되었다. 외계 생명체 중에서 가장 발달한 형태인 지적 생명체를 탐사하는 프로젝트는 보통 SETI(search for extraterrestrial intelligence)라 불린다. 어느 외계 행성에 지적 생명체가 존재하고 그들이 충분히 발달된 문명을 갖고 있다면, 우리처럼 전파기술을 통신수단으로 사용하리라 예측할 수 있다. 이 예측은 과학기술 문명이 발전하면 전파기술이 쉽게 개발되리라는 가정, 그리고 전파는 빛의 속도로 전달되므로 통신수단으로 적합하며 외계 문명도 전파를 통신수단으로 사용할 것이라는 가정 등에 기초한다. 외계 문명이 사용하는 전파는 성간물질이나 블랙홀 등 우주가 자연적으로 만들어 내는 전파와는 다른 인공적 특징으로 인해 충분히 구별해 낼 수 있기 때문에 외계 문명의 증거가 된다는 것이 SETI 탐사 방법의 기본 아이디어다.

그렇다면 우리은하 내에서 현재 지구의 인류와 공존하는 외계 문명의 수는 얼마나 될까? 외계 문명의 개수를 계산하는 방정식은 드레이크(Frank Drake)에 의해 처음 제안되었지만 간단한 논의를 위해 다음과 같이 N으로 표현할 수 있다(Garret 2014).

$$N = R_{habitable\_exoplanet} \times f_{bio\&tech} \times L_{lifetime}$$

여기서 $R_{exoplanet}$은 우리은하에서 거주 가능 행성이 1년에 몇 개 생성되는지를 나타낸다. 간단하게 가정하면 1년에 하나씩 생성된다고 할 수 있다(즉 $R_{exoplanet}$ = 1). 가령 우리은하에 2천 억 개의 별이 존재하고 별마다 하나씩 외계 행성을 갖는다면 거주 가능한 외계 행성은 대략 100억 개다. 우리은하의 나이를 100억 년으로 가정하면 100억 년 동안 100억 개의 거주 가능 행성이 생성되므로, 대략 1년에 1개가 생성된다고 볼 수 있다. 두 번째 항 $f_{bio\&tech}$는 거주 가능 행성에서 실제로 생명체가 탄생하고 진화해 지성을 갖춘 지적 생명체가 탄생하고 외계 문명이 발달하여 전파통신 수단을 개발할 확률을 가리킨다. 가령 거주 가능 행성 100개 중에서 실제로 10개 행성에서 지적 생명체가 탄생하고 그중 한 곳에서만 외계 문명을 이루어 전파통신 기술을 갖게 된다고 가정하면, f값은 1퍼센트, 즉 0.01이 된다. 계산을 간단하게 하기 위해 모든 거주 가능 행성에서 외계 문명이 생성된다고 가정하면 f는 최대값 1이 된다. 마지막으로 $L_{lifetime}$은 전파기술을 가진 외계 문명이 전쟁이나 자연재해 등으로 멸망하지 않고 존속하는 기간이다.

가장 간단하게 $R_{exoplanet}$ =1, $f_{bio\&techt}$ = 1이라 가정하면, 위의 식

에서 N = L이 된다. (외계 문명 계산 방정식을 제시한 드레이크 박사의 자동차에는 N = L이라고 새겨진 번호판이 달려 있다고 한다.) 외계 문명이 얼마나 오래 존속할지는 불확실하지만 대략 1천 년에서 1억 년까지 가능하다. 간단한 계산을 위해 만일 외계 문명이 3천 년 동안 존속된다고 가정하면, 인류와 동시에 존재하는 외계 문명의 수는 N = 3000이 된다.

외계 행성 연구를 통해 $R_{exoplanet}$값을 추정할 상당한 정보가 있는 반면 $f_{bio\&tech}$값이 실제로 얼마나 될지는 알기 어렵다. 거주 가능 행성인 지구에서 생명과 지성이 출현해 문명이 발전한 것은 분명하지만, 모든 거주 가능 행성에서 생명체와 지성이 발현해 문명을 이룬다고 가정하는 것은 지나친 낙관이기 때문이다. 실제로 f는 1보다 훨씬 작은 수일 수 있다.

f를 최대값으로 가정해도 실제 외계 문명 간의 거리는 매우 멀다. 우리은하의 크기를 반지름 3만 광년으로 놓고 3천 개의 문명이 무작위로 분포해 있다고 가정하면, 외계 문명 간 평균거리는 1천 광년이다. 즉 태양계 근처에서 가장 가까운 외계 문명은 1천 광년의 거리에 있다는 뜻이다. 가렛(Michael A. Garrett)은 이 결과를 바탕으로 외계 문명을 발견할 확률이 낮다고 결론 내린다(Garret 2014). 물론 이런 계산은 불확실한 가정과 평균값을 사용한 예측에 불과하며 이를 통해 통신 가능한 외계 문명의 수를 파악하려는 시도는 상당히 부정확하다는 비판도 만만치 않다.

외계 문명의 전파신호를 찾으려는 첫 번째 SETI 프로젝트는 1960년대에 프랭크 드레이크 박사가 두 개의 별에서 오는 전파 관측을 시도하면서 시작되었다(Drake 1961). 1984년에 SETI 연구소가 설립되고 칼 세이건을 비롯한 여러 과학자들이 참여하면서 미국의 나사와 연구재단의 지원을 통해 본격적인 탐사가 진행되었다. 그러나 외계 지성의 흔적을 발견한 성과가 없고 예산 낭비라는 비판에 직면해 1993년에는 정부 지원이 삭감되고 그 이후로는 주로 기업가 등의 개인 지원을 통해 진행되었다.

반세기 동안 많은 자원을 들여 진행된 SETI 프로젝트는 아무 성과를 내지 못했고 미국 정부의 지원도 삭감되었으며 연구 방법에 대한 비판을 비롯해 다양한 반대를 겪었다. 그러나 SETI 연구자들은 외계 문명을 발견할 가능성이 매우 낮음을 인정하면서도 지난 반세기의 연구는 드넓은 우주에서 이제 겨우 태양 근처 좁은 영역을 탐사했을 뿐이며 보다 광범위한 탐사를 통해 외계 문명의 발견이 가능하다고 주장한다.

최근에는 러시아의 부호가 기부한 1억 달러의 연구비로 2015년부터 10년간 브레이크스루 리슨(Breakthrough Listen) 프로젝트가 진행되고 있다. 이 프로젝트는 두 가지 검출 방법을 사용한다. 하나는 비행기에서 흔히 사용하는 전파신호를 검출하는 방식으로 200광년 거리 안에 있는 1천 개의 별을 각각 탐색해 외계 문명의 존재 여부를 탐사한다. 두 번째는 외계 지성이 자신의 존재를 알리기 위해 강력한 전파신호를 외부로 방출할 것으로 기대하고 그 신호를 탐색하는 것이다. 10년 동안 우리은하 내 100만 개의 별을 탐색하여 강한 전파신호를 쏘는 외계 문명을 하나라도 찾는다면 획기적인 발견이 될 것이다. 이 프로젝트는 우주 공간을 훑는 방식의 탐사 방법도 사용한다. 우리은하 평면 방향에 있는 1천 억 개의 별과 우리은하 밖 가까운 100개가량의 외부 은하에서 오는 강한 전파신호를 탐색하는 것이 두 번째 목표다. 이 프로젝트의 탐사 방법이 그동안 진행된 다른 연구에 비해 약 100배나 효율적이라고 주장하는데, 만일 10년 후 외계 문명의 신호를 전혀 발견하지 못한다면 어떤 결론이 가능할까? 인류와 공존하는 외계 문명의 수는 우리의 낙관적인 예측에 비해 현저하게 적고, 또 자신의 존재를 알리기 위해 의도적으로 강한 전파신호를 내보내는 외계 문명은 거의 존재하지 않는다는 결론을 내리게 될지도 모른다. 물론 침략을 두려워하는 외계 문명들이 의도적으로 자신들의 존재를 알리지 않는 것이라는 결론도 가능하다. 과학은 증거의 부재를 부재의 증거로 삼지 않기 때문에 SETI 프로젝트의 실패는 우리에게 외계 문명에 대한 질문을 그대로 남길 것이다.

외계 생명, 외계 지성이 던지는 신학적 질문

과학이 발전하면서 대두된 외계 생명과 외계 지성의 존재 가능성은 전통적인 창조관과 신학에 새로운 질문을 제기했다. 외계 생명체가 발견되어도 신학계에 큰 논란이 없을 수도 있다. 생명의 창조는 기적적 방법이 아니라 인과적 방법을 사용한 과정이었으며, 지구뿐 아니라 동일한 자연법칙이 적용되는 적합한 환경의 외계 행성에서도 창조주가 자연적 방법으로 생명체를 창조한 것으로 이해할 수 있기 때문이다. 생물 진화를 인정하지 않는 창조과학자들은 외계 생명체의 존재 가능성을 별로 인정하지 않지만, 외계 생명이 발견된다면 아마도 외계 생명도 창조주가 기적으로 창조했다고 주장할지 모른다. 정확하게 말하면, 외계 생명의 발견은 창조주의 존재 유무에 대한 근거가 아니라 창조주의 창조 방법에 대한 근거가 될 뿐이다.

외계 생명과 달리 외계 지성이 발견된다면, 특히 SETI 탐사를 통해 외계 문명이 발견된다면, 다양한 면에서 커다란 심리적 충격이 있을 수 있다. 왜냐하면 많은 사람들이 인류를 특별한 존재로 여기며 신의 형상을 닮은 유일한 창조물로 생각하기 때문이다. 이런 전통적 관점은 주로 성경에 기초를 두는 듯 하지만 사실 성경은 인류를 위해 주어진 특별계시로서 인류의 무대인 지구를 중심으로 서술되어 있기 때문에 성경 본문을 바탕으로 외계 생명이나 외계 지성의 창조 여부를 판단할 수는 없다. 외계 생명이나 외계 지성의 창조 내용이 성경에 나오지 않는다고 해서 외계 생명과 외계 지성이 창조되지 않았다고 주장한다면 인류 중심주의의 한계를 벗어나지 못하는 셈이다. 이미 우리는 창조주가 자연계시를 통해 우리에게 알려 준, 그러나 성경에 나오지 않는 수많은 창조의 내용을 과학을 통해 배웠다.

외계 생명이나 외계 지성의 존재가 기독교 신학과 양립할 수 없는 것은 아니다. 노터데임 대학교 총장이었으며 가톨릭 신학자인 테오도르 헤스버그(Theodore M. Hesburgh) 신부는 전지전능한 신이 빅뱅을 통해 우주를 창조하며 수십억의 외계 생명체와 외계 지성을 창조했을 가능성을 언급했고, 외계 지성 탐사를 신에 대해 알아가는 과정으로 여겼다. 복음주의자인 빌리 그래함(Billy Graham) 목사도 외계 생명이 발견된다면 하나님을 더 찬양하게 될 것이라며 신의 창조를 제한하지 않는 인상을 남겼다.

외계 지성에 대해 과학이 주는 한 가지 교훈은 바로 평범성의 원리다. 코페르니쿠스 원리로도 불리는 평범성의 원리는 우주에서 인류가 가진 과학적 위치가 특별하지 않다는 것이다. 만물의 영장인 인류가 사는 지구가 우주의 중심이어야 한다는 철학적 편견은 코페르니쿠스(Nicolaus Copernicus)의 지동설이 확증된 이후 영원히 패배했고, 인간은 신이 특별한 방법으로 창조했어야 한다는 생각도 생물학의 발달로 인해 밀려났다. 평범성의 원리는 우리 인류가 과학적 의미에서는 평범하다고 말해 준다. 신학적으로 고찰하더라도 창조의 방법이 특별하다고 인류가 더 특별해지는 것은 아니다. 인류의 거주지인 지구의 위치는 인간의 존엄성에 대해 사실 아무것도 말해 주지 않는다. 인간을 창조한 방법이 기적적이고 즉각적 방법이었는지 혹은 인과적이고 자연적 방법이었는지에 따라 인간이 하나님의 형상을 가질 수 있는지 여부가 결정되는 것도 아니다. 인간이 특별한 이유는 인간을 창조한 방법이 특별하기 때문이 아니라 창조주가 인간을 특별한 존재로 삼았기 때문이다.

평범성의 원리를 외계 지성의 존재에 적용해 보면 어떨까? 아마도 누군가는 인류만이 우주에 존재하는 유일한 지적 생명체이기 때문에 인간이 특별하다고 생각할지 모른다. 그러나 우주에 우리 인류만 존재한다고 판단하는 것은 평범성의 원리에 어긋나 보인다.

오히려 이 광대한 우주에 외계 생명체와 외계 문명이 풍성하게 존재한다고 해도, 그래서 평범성의 원리가 지성의 존재까지 확장된다고 해도, 그로 인해 신의 선택으로 신과 언약관계를 맺은 인류의 지위가 박탈될 리는 없다.

물론 외계 지성이 발견된다면 수많은 신학적 질문을 낳을 것이다. 신학자들의 입장은 지구의 인류 외에는 외계 지성이 없다는 입장, 인류만이 하나님의 형상을 닮은 구원의 대상이며 외계 지성은 구원의 대상이 아니라는 입장, 외계 지성이 존재하지만 인류처럼 타락의 길을 가지 않았다는 입장 등 다양하게 나뉜다. 외계 지성을 다루는 외계신학(exotheology)은 인류와 외계 지성의 관계를 어떻게 설정할까? 외계 문명을 가진 지적 생명체들에게는 욕심과 죄가 없을까? 아니면 그들은 마치 인공지능처럼 인격이 없고 어떤 면에서 하나님의 형상을 갖지 않은 고등동물과 같은 존재일까? 아니면 그들도 우리처럼 타락해서 구원의 길이 필요할까? 그렇다면 그들에게 제시된 구원의 길은 어떤 형태일까?

이런 질문들은 현저히 사변적이다. 거주 가능한 외계 행성의 존재를 겨우 확인한, 외계 문명이나 외계 지성은 말할 것도 없고 외계 생명의 흔적도 전혀 찾지 못한 오늘의 시점에서 이런 신학적 질문들을 탐구해 봐야 별로 신뢰할 만한 답을 찾을 수 없으리라는 한계도 분명하다. 그러나 인간의 경험을 바탕으로 이해하는 신이 아닌 참으로 전능한 신을 믿는다면, 그 창조주가 창조 역사 안에 담아 둔 풍성한 창조물들에 대해 탐구하고 묻는 일은 결국 창조주를 바르게 이해하고 그를 찬양하는 길로 우리를 인도할 것이다.

참고문헌

크리스 임피, 『우주생명 오디세이』, 전대호 역 (까치, 2009).

Bennett & Shostak, Life in the Universe, 3rd Ed. Addison-Wesley, 2012.

Drake, F. D., Physics Today, 14, 40, 1961.

Garret, M. A., Acta Astronautica, Volume 113, 8, "SETI reloaded: Next generation radio telescopes, transients and cognitive computing", 2015.

Siemion, A. et al., Proceedings of Advancing Astrophysics with the Square Kilometre Array, "Searching for Extraterrestrial Intelligence with the Square Kilometre Array", 2015.

Spradley, J. L., PSCF, Vol. 50, 194, "Religion and the Search for Extraterrestrial Intelligence", 1998.

우종학
서울대학교 물리천문학부 교수. 예일 대학교에서 박사학위를 받았고 산타바버라 소재 캘리포니아 대학교(UCSB)와 로스앤젤레스 소재 캘리포니아 대학교(UCLA)에서 연구원으로 일했다. 나사(NASA)에서 젊은 연구자에게 주는 허블펠로십(Hubble Fellowship)을 수상했으며, 연구 분야는 거대 블랙홀과 은하 진화다. 저서로 『블랙홀 교향곡』(동녘사이언스, 2009), 『무신론 기자, 크리스천 과학자에게 따지다』(IVP, 2014 확대개정판), 『기원』(휴머니스트, 2016, 공저), 번역서로 『현대과학과 기독교의 논쟁』(살림, 2003), 『쿼크 카오스 그리고 기독교』(SFC, 2009), 『우주의 본질』(시그마프레스, 2015, 공역) 등이 있다.

우주생물학과 우주기독론[1]

테드 피터스

요약

우주기독론(astrochristology)은 그보다 더 포괄적인 우주신학(astrotheology) 내의 한 하위 분야로, 우주생물학과 이와 관련된 우주 과학 분야에서 우리의 미래 우주 이웃들에 대해 배우는 것에 함축된 의미를 숙고한다. 외계 행성에 존속하는 외계 지적 문명의 존재가 확증되면 기독교 신학자들은 두 가지 논점을 결정해야만 할 것이다. 첫째 논점은 그리스도인들이 다수 성육신, 즉 외계의 각 거주 행성마다 성육신을 기대해야 하는가 아니면 지구 역사상의 단수 성육신만으로 충분한가 하는 질문이다. 둘째 논점은 애초부터 성육신이 왜 존재하는가 하는 질문이다. 역사적 예수 안의 신적 현존은 파괴된 창조세계를 고치려는 신적 시도가 특징인가, 아니면 창조계의 죄와 죽음으로의 타락이 있든 없든 관계없이 일어날 신적 자기전달(self-communication)이 특징인가? 이런 문제들을 해결하는 것이 우주기독론의 과업 중 하나다. 나는 지구상의 단수 성육신이 창조계의 현 파괴 상태로부터의 우주적 구속에 유효하다고 단언하는 입장이다.

주제어: 우주생물학, 우주기독론, 우주신학, 성육신, 선취

---

1 *Zygon*, vol. 51, no. 2 (June 2016)을 번역·게재 허락을 받아 수록함.

"하늘을 볼 수 있다는 것은 우리를 인간으로 만드는 그 어떤 것이다." 바티칸 천문대의 가이 콘솔마뇨(Guy Consolmagno) 수사가 "사이언스"(Science)지에서 한 말이다. "우리의 영혼은 우리의 배만큼이나 채워져야 한다"(Cartlidge 2015, 17). 외적 우주 공간은 내적 영혼을 채운다. 우리 내면에서 창조의 웅장함에 대한 깊은 존경과, 창조를 감상하게 해 주는 은혜에 대한 감사의 감정이 우러나는 것은 아마도 거의 무한에 가까운 우주의 성격에서 기인할 것이다. 웅장함과 감사는 서로를 촉발한다.

우주생물학은 단지 하나의 과학 분야가 늘어난 것 이상의 의미를 가진다. 우주생물학은 지미 버핏(Jimmy Buffett)의 기타 줄처럼 우리의 종교적 감수성을 울린다. 좋은 과학은 신학적 합창을 이끌어 내는 능력을 갖고 있다. 그리고 우주생물학은 최소한 좋은 과학이다. 우주생물학은 "지구와 외계 생명의 기원과 성격, 진화를 연구하는 학문"이라고 크리스 임페이(Chris Impey)는 말한다(2007, 42). 루카스 믹스(Lucas Mix)는 다음과 같이 상술한다. "우주생물학은 우주 안의 생명에 대한 과학적 연구다. 우주생물학은 천문학과 물리학, 행성 과학, 지질학, 화학, 생물학, 그리고 이외 수많은 분야들에서 생명에 대해 하는 말을 종합해 하나의 서사를 만들려고 시도할 때 나타난다"(Mix 2009, 4).

우주신학자가 우주생물학자의 곡조에 맞춰 허밍을 시작할 때, 새로 이루어진 이 듀엣은 인간 영혼에 차오르는 감사를 느끼며 하나님의 창조의 웅장함을 축하하는 가사를 더듬으며 부른다. 이 듀엣은 기쁜 조화를 향해 나아간다.

그러나 우주신학자가 기독론과 구원론의 문제로 향하면 이 노래는 바로 멈춘다. 어떤 가사가 우주생물학적 곡조에 가장 잘 맞을지 불확실하다. 우리는 누구에 대한 찬양곡을 불러야 하는가? 지구에서 우주 전체를 위한 구원을 성취한 역사적 예수인가? 아니면 각 거주 행성마다 반복해 성육신될 수 있는 우주적 그리스도인가? 우주는 하나의 역사를 갖는가, 다수의 역사를 갖는가? 하나님의 구속은 하나의 성육신을 필요로 하는가, 다수의 성육신을 필요로 하는가? 작사가는 곡을 쓰고 합창대를 연습시키기 전에 이것을 결정해야 한다.

서로 구별되는 세 가사구가 서로 경쟁하고 있는 것 같다. 첫 번째 가사구는 기독론은 이치에 맞지 않다고 말한다. 두 번째 가사구는 다수 성육신, 즉 각 거주 행성마다 성육신이 있다고 보는 것이 이치에 맞다고 말한다. 세 번째는 지구상의 단수 성육신이 가장 이치에 닿는다고 말한다. 합창대는 어느 가사 구절을 불러야 할까? 우리는 이후 단락에서 세 가사구들을 모두 들어 볼 것이다.

우리는 여기서 우주신학 분야 안에서 논의하려 한다. 우주신학은 물론 우주생물학을 해석하지만 그 이상을 포괄한다. 우주신학은 오늘날의 우주 과학 분야들에 대한 비판적 분석과, 창조론과 기독론 같은 고전 교리들에 대한 해설을 결합함으로써 놀라울 정도로 광대한 우주 안에 있는 우리 인간의 상황에 대한 포괄적이고 의미 있는 이해를 구성하려는 목적을 지닌 신학의 한 분야다(Peters 2009; 2011; 2013a, 2013b; 2014). 이 경우 우리가 관심을 갖는 것은 기독론이다. 아마도 우리는 이를 우주-기독론(Astro-Christology) 또는 우주기독론(AstroChristology or Astrochristology)이라 명명할 수 있을 것이다.

기독론은 이치에 맞지 않는다

일부 비판자들은 기독교 신학의 문제는 우월주의(chauvinism)라고 말한다. 하나님이 역사적 예수 그리스도 안에 성육신해 우주적 범위의 구원을 이루셨다고 믿기 때문에, 그리스도인들은 다른 행성을 선교지로 고려할 때 제국주의적 충동의 곤경에 빠진다. 미국의 건국자 중 하나인 토머스 페인(Thomas Paine, 1737-1809)은 기독교 신앙 체계를 신랄하게 비판했다. 그는 기독교 신학이 논리적으로 오직 하나의 세계, 곧 지구에 대한 믿음을 필요로 한다고 주장했다. 비록 그가 그의 널리 읽히는 저서 『이성의 시대』(The Age of Reason)에서 "이 세계가 거주 가능한 창조계 전체라는 것이 기독교 체계의 직접적인 한 조항은 아님"을 인정함에도 불구하고 페인은 이러한 지구 중심주의가 부당하다고 보았다. 설령 '기독교 체계'가 지구 중심주의를 단언하지 않는데도 페인은 지구 중심주의를 빌미로 기독교 신앙을 계속 비난한다(Paine 1794, Part I, section 12). 이상한 일이다.

계속해서 페인은 말한다. "하나님이 여러 세계를 창조했다고 믿는 것은…기독교 신앙 체계를 초라하면서도 우스꽝스럽게 만들고, 이 체계를 공중에 날리는 깃털처럼 정신 속에 흩뜨려 놓는다. (기독교 신앙과 다른 세계들이라는) 두 믿음은 한 정신 안에서 함께 유지될 수 없다." 그는 "기독교 신앙 체계는 오직 하나의 세계라는 관념 위에서 형성된다"고 주장했다. 이어서 페인은 다수의 성육신이라는 개념의 부조리를 말했다. "하나님의 아들은, 그리고 이따금 하나님 자신은 죽음과 아주 잠시 동안의 삶을 끝없이 이어 가며 한 세계에서 다른 세계로 옮겨 다니기만 할 뿐이다"(Paine 1794, 3). 간단히 말해 우주 공간 내의 다른 세계들을 고려할 때 기독론은 이치에 맞지 않는 것처럼 보인다.

한 세기 후에 마크 트웨인(Mark Twain, 1835-1910)은 이른바 기독교적 지구 우월주의에 대한 페인의 공격을 반복했다. "우리의 아주 작은 세계를 고려할 때 우리는 얼마나 하찮은 존재인가!…그리스도가 자신들의 웅장한 여정을 간직한 수백만의 세계들 각각에서 33년을 살았는가? 아니면 우리의 작은 지구가 그 모든 세계들 가운데 가장 어려운 임무를 받은 것인가?"(Crowe 2008, 463). 그리스도의 보편성에 대한 기독교의 헌신은 비판가들에게 지구 중심주의로 여겨진다.

신학과 과학 분야 연구자들 사이의 오늘날 논쟁을 보면, 기독교 전통에 공감하는 학자들 중에도 어떤 이는 기독론이 이치에 맞지 않는다는 선율을 부른다. 윌렘 드리스(Willem Drees)는 "베들레헴이 우주의 중심인가?"라고 수사적으로 묻는다. "우리가 인종차별주의나 성차별주의라고 비난받기 원하지 않듯이 우리는 행성차별주의(planetism) 또한 받아들일 수 없다는 점을 알아야 한다"(Drees 2000, 69). 아서 피코크(Arthur Peacocke)도 비슷하게 수사적으로 묻는다. "역사적 예수의 존재라는 지역적이고 지구적인 사건의 우주적 의

미가 과연 무엇일까? 단순히 외계 생명체의 존재 가능성만으로도 예수의 의미에 대한 기독교 교회의 과도한 주장들은 모두 터무니없는 말이 되지 않을까?"(Peacocke 2000, 103).

우주기독론이 이치에 맞는 않는다고 공언하는 가사구를 가장 큰 목소리로 노래하는 사람은 폴 데이비스(Paul Davies)다. 데이비스는 기독교 신학자들이 행성을 옮겨 다니는 그리스도, 즉 다양한 종족들의 필요를 채워 주기 위해 반복해 성육신하는 하나님이라는 주장에 대한 부조리한 헌신에 완전히 빠져 있다고 강력하게 주장한다. '작은 녹색인들'이라는 그의 후렴구는 우주기독론을 무효화하려는 의도에서 나왔다. "신학자들과 성직자들은 외계인의 존재 가능성에 대해 느긋한 견해를 지녔다. 그들은 외계인과의 만남이 자신들의 믿음 체계에 위협적이라고 여기지 않는다. 하지만 이런 그들의 모습은 부정직하다. 주요 세계 종교들은 모두 매우 지구 중심적이고 인간 중심적이기까지 하다. 기독교는 예수 그리스도를 성육신한 하나님으로 보는 독특한 입장 때문에 이런 비판에 특히 더 취약하다. 그리스도인들은 그리스도가 명확히 인류를 구원하기 위해 죽었다고 믿는다. 그는 작은 녹색인들을 구원하기 위해 죽은 것이 아니다"(Davies 2000, 51). 그는 또 다른 곳에서도 목소리를 높인다. "해당 지역 피조물의 물리적 형상을 하고 모든 거주 행성을 체계적으로 방문하는 수많은 '외계인 그리스도'가 존재한다는 전망은 꽤 부조리한 측면을 지닌다"(Davies 1983, 71). 다수 성육신이라는 생각은 '부조리해' 보인다. 신학자들이 외계의 이웃들을 환영할 것이라고 말함에도 불구하고 데이비스는 그들이 '부정직하다'고 말한다.

신학자들은 그들의 기독론의 내적 취약성을 인정하지 않기 때문에 부정직하다.

루카스 믹스(Lucas Mix)는 정확히 지구 중심주의를 수반하는 인간 중심주의가 별로 장래성이 없을 수 있다고 상기시킨다. "다른 행성에 지적 생명체가 존재한다면 인간은 인간의 유일성이 어떤 특별한 성질에서 말미암았는지 아니면 단지 우리 자신의 자존심에서 말미암았는지 묻지 않을 수 없을 것이다"(Mix 2009, 285). 인간 중심주의와 지구 중심주의에 대한 이런 도전은 (이 두 주의와 연관되었다고 주장되는) 기독론 일부 사람들은 듣고 싶어 하지 않는 노래임을 암시한다. 요약하면, 어떤 신학자가 단수 성육신 우주기독론을 주장하거나 다수 성육신 우주기독론을 주장하거나 상관없이 그것은 이치에 맞지 않는 노래를 부르는 것이다. 적어도 이 비판자들에 따르면 그렇다.

다수 성육신이 이치에 맞는다

존 폴킹혼(John Polkinghorne)은 우주기독론이 이치에 맞지 않는다는 가사구를 부르지 않는다. 그의 귀에는 다수 성육신이 더 유쾌하게 들린다. 폴킹혼은 위격적 연합이 역사적 예수 안에서 지구상에서 일어났듯 추가로 외계 행성에서도 일어날 가능성을 상상한다(Polkinghorne 1989, 90-92). 폴킹혼은 심지어 작은 녹색인의 성육신을 상상한다. "우주에는 어떤 형태의 생명체의 발생에 적합한 장소가 분명 많이 있음에 틀림없다. 신학은 외계의 가능성들에 대해 어떻게 생각해야 할지 완전히 알지 못한다. 하나님의 창조 목적에는 인간뿐만 아니라 '작은 녹색인들'도 충분히 포함될 수 있다. 그리고 그들이 구속을 필요로 한다면 우리는 말씀(Word)이 우리의 육신을 입었다고 믿는 것과 똑같이 말씀이 작은 녹색인의 육신을 입을 것이라고 충분히 생각할 수 있다"(Polkinghorne 2004, 177). 데이비스의 판단 기준에 따르면, 폴킹혼은 '부정직한' 신학자 부류에 속할 것이다.

노터데임 대학교의 우주신학자 토머스 오미어러(Thomas O'Meara)도 동일한 가사구를 부른다. 외계의 "성육신들은 외계 지적 피조물들의 형태와 그들만의 종교적 추구에 부합할 것이다"(O'Meara 2012, 48). 폴킹혼과 오미어러 모두 우주기독론이 이치에 맞지 않는다고 생각하지 않는 것으로 보인다. 또한 그들은 모두 자신이 부정직하다고 생각하지 않는 것처럼 보인다.

보스턴 대학교의 우주신학자 존 하트(John Hart)는 다수 성육신을 노래하지만 그것이 꼭 우주적 그리스도에 속하는 것은 아니다. 그보다는 다수 성육신의 원인을 보다 일반적인 영(generic spirit)으로 돌린다. "우주적 그리스도는 그리스도인들 사이에서…지역적이고 지구적인 개념이다." 반면 "우주적 영은 우주적 개념과 (더 광범위하고 더 접근 가능하고 더 보편적인) 실재다"(Hart 2014, 275). 하트는 다수 성육신의 곡조를 부르지만 다른 기독교 우주신학자들과는 별로 화음을 맞추지 않는다.

폴 틸리히(Paul Tillich)는 다수 성육신 합창대 안에서 노래한다.

아직도 매우 영향력 있는 『조직신학』(Systematic Theology)에서 틸리히는 지구상의 구속이 다른 행성들의 생명체에 대해 갖는 효력의 문제를 직접 다룬다. 우리가 "'그리스도'라는 상징의 의미를 우주의 광대함과, 태양 중심적 행성 체계와, 인간과 그의 역사가 우주에서 무한히 작은 부분을 차지한다는 점과, 신적 자기현현들이 일어나고 수용될 수 있는 다른 '세계들'의 존재 가능성이라는 관점에서 어떻게 이해해야" 하는가? "새로운 존재(New Being)를 담지한 자의 기능은 단지 개인들을 구원하고 인간의 역사적 실존을 변혁시키는 것일 뿐만 아니라 우주를 갱신하는 것이다.…이 질문들에 대한 기본 답변은 실존적 소외 상태 아래 한 인격적 삶 안에서 출현한 본질적 인간이라는 개념 안에서 주어진다. 이것은 그리스도에 대한 예상을 역사적 인류로 제한한다"(Tillich 1951-1963, 2:95).

틸리히는 예수 그리스도 안에서의 하나님에 의한 구속 행위의 효력을 단언한 후 외계에서의 가능성들에 대해 사변한다. "동시에 우리의 기본 답변은 우주가 존재의 다른 지역이나 시기에서의 가능한 신적 현현에 열려 있도록 한다. 그런 가능성들은 부인될 수 없다.…성육신은 그것이 일어난 특정 집단에 독특하지만, 다른 독특한 세계를 위한 다른 비범한 성육신이 배제되어야 한다는 의미의 독특함은 지니고 있지 않다"(Tillich 1951-1963, 2:96). 비록 아직까지 다른 성육신이 일어났다는 증거는 없지만 틸리히에게는 다수 성육신이 이치에 맞는 것처럼 들릴 것이다. 틸리히 해설가 더우드 포스터(Durwood Foster)도 "예수 그리스도 안에서 현현한 하나님의 사랑은 영적 수용성이 있는 곳이라면 어디에서든 미지로 남아 있지 않았다"라고 유사한 주장을 편다(Foster 1971, 125). 여기서 주효(奏效)해 보이는 것은 성육신의 기능은 일차로 계시적이라는 가정, 즉 하나님의 영원한 은혜와 사랑이 피조물의 의식에 알려지게 되는 사건이라는 가정이다.

죄와 소외에 대해서는 어떨까? 외계 문명이 타락한 상태에서 구속을 필요로 하고 있을까? 여기가 죄에 대한 기독교의 어휘가 죄와 악과 같은 단어를 만나는 지점이다. 마크 하임(Mark Heim)은 말한다. "죄는 인간의 반항이나 부정으로 말미암아 유발된 하나님과 인간들 사이의 소외다. 악은 개인적으로는 인간들 내의 그리고 집단적으로는 인간들 사이의 무질서다"(2001, 60). 외계 문명도 타락 상태, 소외 상태, 그리고 죄를 범하기 쉬운 상태 같은 우리와 유사한 조건 아래 있을 수 있을까? 외계의 상황은 구속을 필요로 할까? 구속은 단지 계시 그 이상이다. 구속은 단지 하나님의 계시적 현존뿐만 아니라 성육신의 구원론적 또는 속죄적 사역과 화해의 사역을 구성한다.

아마도 우리는 기독론을 계시적 기독론과 속죄사역 기독론 두 유형으로 구별해야 할 것이다. 한편으로 예수가 일차적으로 계시적임을 강조하는 우주기독론은 다수 성육신을 단언하는 것이 논리적이라고 생각할 것이다. 계시로서의 우주적 그리스도는 동일한 메시지를 갖고 많은 합리적 문명에 나타날 수 있다. 반면 예수의 속죄 사역이 전 창조계에 효력을 가진다고 강조하는 우주기독론은 단수 성육신을 단언하는 것이 논리적이라고 생각할 것이다. 지구상에서 성취된 구원론적 사역은 그것을 아느냐 모르느냐에 관계없이 우주에 적용될 것이다.

우리는 계시를 역사적 예수와 반드시 연결 짓지 않고도 '계시 곡조'를 부를 수 있다. 성경은 인간들에 대한 신적 계시의 기록으로 가득 차 있다. 예를 들면 불타는 떨기나무 속에서 모세에게 나타난 하나님, 예레미야와 이사야 같은 예언자들에게 나타난 소명 환상, 꿈을 통한 전달, 그리고 이외 여러 "이적과 기사들"이 있다. 예수는 계시의 순간들의 긴 목록에서 하나를 제시할 뿐이다. 비록 예수가 분명히 하나님을 계시한다 할지라도, 예수와 함께든 아니든 간에 하나님에게는 수없이 많은 방식의 자기 계시의 수단이 있다. 이 점을 염두에 둔다면 속죄사역 우주기독론은 지구 역사상의 그리스도의 결정적 사역을 단언하면서도 다른 행성에서의 추가적 신적 계시를 기대할 수도 있다. 이 구원 사역은 지구상에서 이루어지겠지만 신적 계시는 어떤 시간 어떤 장소에서도 일어날 수 있다.

틸리히는 이 계시적 또는 모범적 유형의 기독론을 의지하는 것처럼 보인다. 이 기독론에 따르면, 각 성육신은 하나님의 영원한 창조적·구속적 능력을 현존하게 한다. 19세기 후반의 자유주의 개신교도들처럼 틸리히는 그의 기독론을 창조 교리 속에 넣는다. 그 결과 틸리히는 외계인들이 소외된 상태에서 살고 있다면 그들의 존재 기반으로서의 하나님은 여전히 화해하는 사랑으로 사역하고 계시리라 본다. "만약 실존적 소외가 (전 우주 안에서 실제로 그런 것처럼) 실제적일 뿐만 아니라 이 소외에 대한 일종의 자각도 있는 인간 이외의 '세계들'이 존재한다면, 그 세계들 안에는 반드시 구원하는 능력이 있을 수밖에 없다.…새로운 존재를 품은 자로서의 메시아에 대한 기대는, 비록 그리스도의 출현 안에서 하나님이 역사적 인간만을 위해 이 사랑을 현실화하실지라도 '하나님이 우주를 사랑하신다'는 것을 전제로 한다"(Tillich 1951-1963, 2:96). 하나님은 역사적 인간 세계 안에서 어떤 한 방식으로 행위하시고, 인간 이외의 외계 생명체들의 세계를 위해 유사한 방식으로 행위하신다. 그리스도의 성육신은 다수일 수 있다.

단수 성육신이 가장 이치에 맞는다

페인과 트웨인의 가사구는 고전적 기독교 신학에서 두 가지, 즉 지구 우월주의와 다수 성육신을 주장하는 어리석음을 비난한다. 한편으로 어떤 신학자가 하나님의 구속적 성육신을 오직 지구라는 행성에서 한 번 일어났다고 국한한다면, 그는 행성 우월주의라는 잘못을 범하는 것이다. 반면에 그가 다수 성육신, 즉 각 거주 행성마다의 성육신을 선택한다면, 그의 입장은 어리석은 것이다. 둘 다 이치에 맞지 않는 주장이다.

신학자가 지구의 역사 속 예수의 구속 사역이 전 우주에 대해 효력을 갖는다고 주장하면서도 오만한 지구 찬가를 부르지 않을 수 있을까? 이제 우리는 행성 우월주의 문제를 다루려 한다.

이 문제는 새로운 게 아니다. 두 세기 전에 스코틀랜드 글래스고의 인기 설교가 토머스 차머스(Thomas Chalmers, 1780-1847)는 1815년 11월 21일에 『현대 천문학과의 관련에서 본 기독교 계시에 관한 일련의 담론들』(*A Series of Discourses on the Christian Revelation Viewed in Connection with the Modern Astronomy*)이라는 일련의 설교를 시작했다. 기독교 신학은 어쩔 수 없이 지구 중심적일 수밖에 없을까? 절대 그렇지 않다. "기독교는 단수의 혜택, 즉 우리의 세계를 위해서 고안되었다고 공언하는 종교라는 주장이 있다.…하지만 기독교는 결코 그런 공언을 하지 않는다." 차머스는 나아가 지구적 삶을 중심에서 내리려 했다. "우리는 우리의 지구를 하나님의 우주가 아니라 보잘것없고 하찮은 한 부분으로 보는 법을 배워야 한다." 우리의 지구가 갑자기 사라져도 전체 우주는 마치 숲이 하나의 잎사귀가 떨어질 때 겪는 정도의 고통만을 겪을 것이다. '최고의 존재'를 섬기는 다른 많은 지적 존재들이 우주의 다른 행성들에 살고 있다. 우주의 광대함과 장려함에도 불구하고 시편 8편은 우리에게 하나님이 우리 개개인을 여전히 보살피시며 우리가 향유할 수 있는 '모든 안락'을 주신다고 가르친다(Crowe 2008, 240-259). 이 글래스고의 목회자는 외계인들이 죄에 빠졌다면 지구상에서의 그리스도의 구속 사역만으로도 그들의 구속에 충분하리라고 단언했다.

21세기에 들어서는 얼마 전 작고한 볼프하르트 판넨베르크(Wolfhart Pannenberg)가 단수 성육신 합창대에서 노래를 불렀다. 틸리히와 마찬가지로 판넨베르크는 하나님의 창조 사역뿐만 아니라 구속 사역이 다른 세계들에도 존재하리라는 점에 동의할 것이다. 그러나 판넨베르크는, 외계인들이 이를 알든 모르든 상관없이 지구 역사 속 예수 그리스도의 구원 사역이 전 우주에 효력을 갖는다고 말하는 입장에 가깝다. "지구 외에서 지적 존재들을 발견하는 것이

기독교의 교의에 파괴적일 것이라는 이유를…이해하기 힘들다. 그런 발견들은 물론 그 존재들과 나사렛 예수 안에 성육하신 말씀(Logos)과의 관계, 그리고 그로 말미암아 그 존재들과 우리와의 관계를 신학적으로 정의하는 과업을 필요로 할 것이다. 하지만 아직까지 불확실하고 모호한 외계인들의 존재 가능성 때문에, 우주 곳곳에서 일하시는 말씀(Logos)이 나사렛 그리스도 안에서 한 인간이 되었고, 그러므로 모든 창조계에 그것의 통일성과 운명을 부여하는 주요 역할을 인류와 그 역사에 맡겼다는 기독교의 가르침이 조금이라도 신뢰성을 잃는 것은 아니다"(Pannenberg 1991-1998, 2:76).

판넨베르크는 예수의 성육신이 우주적 말씀(Logos), 즉 모든 창조계가 발생되고 유지되는 원리인 말씀(Logos)의 성육신이기 때문에 예수의 속죄 사역의 우주적 효력에 대해 신뢰를 표명한다. 우리의 사고가 우리의 정신 안에서 기원하는 것처럼 말씀(Logos)은 하나님 안에서 기원한다. 그리고 우리의 생각이 말을 통해 표현에 이르듯 하나님이 말씀하시면 성자는 성부로부터 구별되고, 세계는 그것의 개별성을 지닌 채 존재하게 된다. 이것이 모든 유한한 실재의 우주적 기반인 성자의 신적 본성이다.

틸리히와 마찬가지로 판넨베르크도 구속으로부터 창조 교리로 잠시 물러난다. 하지만 둘 사이에 약간의 차이가 있다. 판넨베르크는 창조를 단지 성부만이 아니라 삼위일체와 연관시킨다. 유한한 전체 창조계는 말씀(Logos)인 성자를 통해 존재하게 된다. "만일 말씀(Logos)이 한 사물을 다른 사물과 구별시키는 모든 유한한 실재의 발생 원리-영원한 성자를 성부와 구별시키는 자기차별화(selfdistinction)에 기초한 원리-라면, 과거에 발생한 것과 구별되는 새로운 형태의 도래와 더불어 유한한 현상들 사이의 관계들 및 이러한 현상들과 하나님의 무한성 가운데에서 발견되는 이 현상들의 기원 사이에 존재하는 관계들의 체계가 나타난다. 말씀은 다양성의 산출 원리로서 개별체들이 지닌 독자성의 기원이요, 피조물들간 관계에 대한 질서의 기원이다"(Pannenberg 1991-1998, 2:62). 말씀이 개별성과 개별자들 사이의 관계를 모두 확립한다는 점에 주목하자. 아마도 이것은 말씀이 단 하나의 개별자 나사렛의 예수가 되면서도 다른 한편으로는 보편적인 유한한 실재를 표현하는 것이 가능하도록 만드는 조건이다. 요약하면, 판넨베르크는 단수 성육신 가사구를 활기 있게 부른다.

로고스에 대한 담화는 쉽게 이성에 대한 담화가 된다. 외계인에 대한 주제가 논의될 때 종종 피조물의 합리성 문제가 부각된다. 기독교 전통은 플라톤을 따라 하나님이 합리적이시고 하나님의 피조물인 우리도 이 합리성을 공유한다고 주장한다. 합리적 능력에 관한 문제는 소외나 구속의 필요성에 대한 문제와 구별된다. 다른 행성에 사는 합리적 피조물들이 호기심과 이해력이 있다면, 우리는 하나님이 단순히 피조물들과 친교를 나누기 위해 소통하실 것이라고 쉽게 단언할 수 있다. 틸리히와 판넨베르크는 신적 로고스 또는 신적 이성이 우주 어디에서나 동일한 구조를 유지하고, 그러므로 합리적 피조물들은 성육신하는 것이든 아니면 단지 정신을 통해 파악될 수 있는 것이든 간에 그것이 본성상 하나님의 현존에 맞도록 조율되어 있을 것이라는 점을 인정한다.

죄와 악에 대한 논의로 돌아가 보자. 우리가 합리적 능력에 소외-죄로의 타락-라는 조건을 부가하면 상황은 더 복잡해진다. 지구상의 인간 이성이 죄에 의해 왜곡되듯 외계 이성도 비슷하게 왜곡될 수 있다고 예상할 수 있다. 외계적 성육신은 단순히 계시 이상이어야 할 필요가 있을 수 있다. 그것은 화해, 즉 소외의 은혜로운 극복으로 이어지는 속죄 사역의 차원을 포함할 수 있다.

아마도 단수 성육신 합창대에서 가장 크게 목소리를 내는 사람은 더럼 대학교에서 우주신학을 가르치는 데이비드 윌킨슨(David Wilkinson)일 것이다. 다수 성육신 곡조는 윌킨슨의 귀에 거슬린다. 다수 성육신 입장의 논리는 여러 암시를 갖는데, 그중 다음 네 가지는 걱정스러운 것이다. 첫째 "우주적 그리스도와 인간 예수 사이에 쐐기를 박는 것은 예수가 단지 하나님이 사용하신 선한 인간이라는 견해에 문을 열고야 만다"(Wilkinson 2013, 158). 이것은 예수를 단순히 계시적 모범으로 바꾸어 버리고 시간적 예수 안에 거처를 잡은 영원한 로고스가 창조계에 걸쳐 지니는 암시들을 약화시킨다. 예수는 단지 하나님이 그의 세대의 일만을 위해 사용하신 좋은 사람이 아니다.

두 번째 걱정스러운 암시는 "하나님의 본성이 사랑 안에서 육화된 형태 안에서 바깥으로 뻗는 것이라면 왜 지구의 다른 문화들 안에 다수 성육신이 없었어야 했는가?" 하는 것이다. 즉 하나님은 분명 다수의 문화 안에 현현되어 있는데 기독교 신학자들이 성육신 사상을 이스라엘의 예수 오직 한 경우에 국한했다는 것이다. 그러나 "예수는 여전히 지고의 존재로 여겨져야 한다"고 윌킨슨은 말한다(2013, 158-159).

셋째, 하나님은 성육신을 통한 계시에만 국한되지 않으신다. "성경에는 환상, 자연 세계에 대한 경이, 천사의 방문, 불타는 떨기나무, 꿈, 기록된 말씀, 기도, 예언자 등을 통해 하나님이 소통하시는 모습들이 나온다." 하나님이 신적 자아를 외계인 종족들에게 계시하시기를 원한다면 성육신 이외의 방법을 이용할 수 있다.

네 번째(이것이 가장 중요하다), 다수 성육신 입장은 오직 성육신의 기능이 계시인 경우에만 이치에 맞을 것이다. 성육신이 구원도 내포한다면 더 많은 것이 걸려 있다. 윌킨슨은 "성육신은 계시와 구원에 관한 것"이라는 점을 분명히 한다(2013, 158-159). 지구의 역사 속 예수 그리스도의 속죄 사역이 우주 차원의 효력을 발한다면, 이것은 지구든 외계든 간에 하나님의 창조계 내의 모든 피조물을 포함해야 한다. 요약하면, 지구에 임하신 예수의 단수 성육신이 가장 이치에 닿는다.

그리스도인이 외계인에게 세례를 주어야 할까?

제2차 바티칸 공의회는 선언문 "우리 시대"(Nostra Aetate)에서 단수 성육신 가사구를 불렀다. 하나님의 보편적 은혜는 하나님의 역사적 행위, 지구상에서의 예수 그리스도의 사건과 존재론적으로 연관되어 있다. 이것은 설교, 즉 이 사건에 대한 소식을 공유하는 것을 정당화한다. "그리스도는 모든 [피조물들의] 죄로 말미암아 그의 가없는 사랑 안에서 수난과 죽음을 겪었고, 그 결과 모두가 구원에 도달할 수 있다. 그러므로 그리스도의 십자가를 모든 것을 포용하시는 하나님의 사랑의 기호와 모든 은혜가 흘러나오는 근원으로 선포하는 것은 교회 설교의 의무다"(Abbott 1966, 667). 제2차 바티칸 공의회는 외계 생명체 문제를 직접 언급하지 않았지만, 우리는 하나님의 은혜가 비록 지구상의 예수 그리스도 안에 계시된 동일한 하나님의 사랑을 표현할지라도 이 은혜가 다른 행성들에서도 유효하리라 추론할 수 있다.

바티칸 천문대 연구원 가이 콘솔마뇨와 폴 밀러(Paul Mueller)에 따르면, 보다 최근에 로마가톨릭 그룹 안에서 "외계인에게 세례를 주는 문제"가 대두되었다. 그들은 어떻게 이 문제에 답했을까? "오직 외계 생명체가 실제 존재하고, 세례가 의미하는 바-예수가 모범을 보였고 이후 그리스도인들이 완벽하게 지키지 못한 기독교적 삶의 방식이라는 희망과 도전 속으로의 입회-를 충분히 이해하며 이것을 요구하는 경우에만 가능하다"(Consolmagno and Mueller 2014, 250). 세례가 이를 요구하는 자들에게만 해당된다는 이 가정은 인간의 이성과 자율성을 전제하고 있다. 이것을 외계인들에게도 적용할 수 있을까? 그들에게 물어 보아야 할 것이다.

왜 성육신인가: '파괴된 창조계 고치기' 모형

다양한 가사구를 비판적으로 청취하면서 우리는 아마도 다음과 같은 질문을 던질지 모른다. 무엇보다 하나님은 왜 성육신하시고자 하는가? 예수 그리스도를 구원자로 보내 파괴된 것을 고치시려는 것이다. 이에 대안으로 제시되는 이유는 다음과 같을 것이다. 하나님은 성육신 안에서 창조계와 계속 소통하시고, 창조계가 파괴되었든 아니든 자기전달을 하려 하신다. '파괴된 창조계 고치기' 모형 또는 속죄 사역 모형은 단수 성육신을 지지하는 경향이 있는 반면 신적 자기전달(self-communication) 또는 계시 모형은 다수 성육신을 지지하는 경향이 있다.

대다수 기독교 신학자들은 성육신과 구속이 '파괴된 창조계 고치기' 모형 안에서 서로 잘 어울리는 것처럼 보인다고 생각한다. 라틴과 비잔틴 교회의 전통들 모두 아타나시우스(Athanasius, 296-373)가 예수 그리스도에 대해 한 말을 기억해 왔다. "그는 우리가 하나님이 될 수 있도록 하기 위해 인간이 되었다"(Athanasius, *Incarnation of the Word*, §54). 비잔틴 그리스도인들은 아직도 예수 그리스도가 성육신 안에서 인간적인 모든 것을 총괄 갱신했고, 이를 치료했으며, 우리를 신화(神化, gtdeification, *theosis*)를 향한 길 위에 오르도록 했다고 주장한다. 분명히 그러한 신화는 창조에서의 하나님의 원래 계획이었지만, 인간의 죄성으로 인해 하나님은 구속적 행동을 하실 필요가 있음을 알게 되었다. "타락은 하나님의 목표가 아니라 수단에서 변화를 요구한다"고 러시아 정교회 신학자 블라디미르 로스키(Vladimir Lossky)는 말한다. "왜냐하면 우리의 죄로 말미암아 필요하게 된 속죄는 목표가 아니라 수단, 유일하고도 진정한 목표, 곧 신화에 이르는 수단이기 때문이다"(Lossky 1989, 110-111). 이 계열의 사고에 따르면, 그리스도 사건은 파괴된 창조계를 고친다. 즉 타락한 것을 끌어올린다.

로버트 존 러셀(Robert John Russell)은 죄로의 타락 개념을 외계의 상황으로까지 확장한다. 그의 주장에 따르면 아마도 확실히 외계인들은 비(非)에덴적 상황 속에서 살 것이다. 생물학을 포함해 우주에서 모든 것을 지배하는 물리적 특징 때문에 외계인들은 우리와 마찬가지로 자신들이 동일한 모호한 상황 속에 있음을 알게 될 것이다. "나는 우리가 우주에서 마침내 어떤 생명체를 접할 때…그것이 우리와 매우 비슷하리라 예상한다. 그것은 선을 추구하고 여러 실패에 시달리고 하나님이 자신의 모든 피조물 - 이곳에 있든 저 멀리 있든 - 에게 베푸시는 용서와 새로운 삶의 은혜에 개방적일 것이다" (Russell 2000, 66). 실재의 물리적 특징들은 사는 곳에 관계없이 이 우주 안에서 일정하며, 그러므로 외계인들이 우리가 알게 된 것과 동일한 실패와 성취, 동일한 투쟁을 경험하리라는 것은 이치에 맞게 들린다. 이런 가정 아래 지구상에서의 그리스도의 속죄 사역이 지구 밖 문명에도 적용되리라 주장할 수 있다. 또 설령 다른 신적 계시들이 우주의 다른 골목에서 일어날지라도 우주에 하나의 성육신이면 충분하리라고 주장할 수 있다.

틸리히와 판넨베르크는 이 논점을 놓고 서로 반대의 입장에 선다. 틸리히는 우리의 소외 상황이 존재의 기반으로부터 성육신한 방문자를 요청한다고 가정하는 것 같다. 타락성은 구속을 요청한다. 대조적으로 판넨베르크는 성육신이 타락과 무관하다고 본다. "성육신은 창조에 대한 외적 부록 또는 아담의 죄에 대한 창조자의 단순한 반응일 수 없다"(Pannenberg 1991-1998, 2:65). 예수 그리스도 안에서의 하나님의 현존은 창조의 은혜에 구속의 은혜를 더한다. 전자는 후자의 완성이다. 내게는 틸리히가 단수 성육신을, 판넨베르크가 다수 성육신을 선호하는 것이 논리적으로 보이지만 흥미롭게도 실상은 그 반대다.

사례를 하나 더 들어 보자. 안드레아스 로쉬(Andreas Losch)와 안드레아스 크렙스(Andreas Krebs)는 판넨베르크와 마찬가지로 단수 성육신 가사구를 부르지만 그렇게 활기차게 부르지는 않는다. 틸리히와 판넨베르크와 마찬가지로 그들은 우주적 말씀(Logos)이 모든 행성에 존재하여 각 행성을 신적 창조와 계시적 은혜의 영역 안으로 데려올 것이라는 점을 인정한다. 기독교의 "계시적 전통은 이것을 가능하게 만드는 보편적 경향을 지닌다. 우리는 외계인들이 하나님의 형상에 따라 창조되었고 하나님의 말씀, 즉 그리스도를 통해 창조되었다는 점을 인정해야 할 것이다"(Losch and Krebs 2016, 241). 이것을 전제로 로쉬와 크렙스는 이러한 점이 성육신의 횟수와 관계없이 적용될 것이라고 덧붙인다. "모든 종족들에게 다수의 성육신이 필요하든 지구상의 한 번의 성육신으로 충분하든 간에 우리는 최종적으로 하나님의 지혜에 맡기길 원한다…그러므로 우리는 우주로 선교사를 보낼 필요는 없을 것이다"(Losch and Krebs 2015, 241). 선교사를 보낼 필요가 없다고? 이런 결론-지구상에서의 하나님의 구원 사역을 선포할 선교사가 외계 행성에 필요하지 않다는 것-은 외계 문명이 이미 말씀(Logos)에 접근해 하나님의 은혜로우신 사랑에 대한 충분한 지식을 갖고 있다는 것을 암시한다. 이런 논리는 로쉬와 크렙스가 분명 우리가 다음에서 살피려고 하는 '신적 자기전달' 합창대에서 노래하고 있음을 암시한다.

왜 성육신인가: '신적 자기전달' 모형

이 대안적 모형-계시를 중심에 두고 있으며 신적 자기수여(self-bestowal), 신적 자기전달 또는 '어쨌든 성육신'(incarnation-anyway) 모형이라 불릴 수 있다-에 따르면, 일부 신학자들은 하나님이 인간의 타락 여부와 관계없이 창조계에 출현하셨을 것이라고 주장한다. 신적 자기전달 모형의 수호 성인이라 할 수 있는 라틴 신학자 보나벤투라(Bonaventure, 1221-1274)는 그리스도 안에서의 성육신이 일종의 궁여지책, 파괴된 것을 고치기 위한 방책이라는 견해를 거부했다. 성육신은 그보다 덜한 어떤 가치가 아니라 그 자체를 위해 하나님께서 의도하신 것이다. 더욱이 하나님이 한 인간이 되어 창조 영역에 들어오신 것은 모든 창조계를 인류와 연합시키는 데 기여한다고 보나벤투라는 말했다. 성육신한 그리스도는 자연을 완전하게 하는 데 기여한다. 하나님의 창조 사역은 모두 성육신한 자기표현의 한 형태다[Delio(2007)에서 인용].

또 다른 라틴 전통 신학자 존 둔스 스코투스(John Duns Scotus, 1265-1308)는 우애(amor amicitiae)를 그리스도를 통한 구속뿐만 아니라 창조의 자발적인 신적 동기로 본다. 말하자면 이 신적 사랑은 먼저 그리스도의 영혼과 그리고 다음으로는 모든 창조계와 공유될 필요가 있다. 그리스도의 영혼이 창조계에서 하나님의 첫째 목표고, 창조된 우주 전체 곳곳에 퍼진 모든 피조물들은 그리스도를 위한 공동의 연인들이 된다. 스코투스는 이 '신적 자기수여' 또는 '어쨌든 성육신' 모형 내부로부터 시작한다. "**성육신과 구속은 논리적으로 독립된 과제**"라고 매릴린 맥코드 애덤스(Marilyn McCord Adams)는 논평한다(2006, 184).

칼 라너(Karl Rahner)에게 있어 예수 그리스도 안에서의 성육신은 딱 잘라 말해 하나님의 자기전달이다. "세계와 그 역사는 처음부터 자신을 급진적으로 세계에 전달하려는 하나님의 절대적 의지에 기초한다. 이 자기전달과 그것의 절정(예를 들면 하나님의 성육신) 안에서 세계는 하나님 자신의 역사가 된다"(Rahner 1976-1988, IV:110). 한편으로 성육신을 통해 하나님은 우리의 인간적 잠재성을 현실화하신다. 다른 한편으로 우리 인간들과 모든 창조계는 하나님 자신의 역사 속으로 끌려들어 가게 된다. "그러므로 하나님의 성육신은 인간적 실재의 완전한 현실화가 유일하고 **최상인**(supreme) 경우다.…하나님께서 인간적 본성을 취하시는데, 그것이 본질적으로 준비되어 있고 채택 가능하기 때문이다.…그리고 하나님은 그 안에서 그것 자신의 이해 불가능한 의미를 성취하시는 데 도달한다"(Rahner 1976-1988, IV:110). '신적 자기수여' 모형 안에서의 이러한 성육신 이해는 은혜 위에 은혜를 더하는 한 경우다.

라너의 견해에서 중요한 것은, 하나님 자신의 삶은 성육신을 통해 역사적이 되고 세계는 신적 삶 내부로 들어오게 된다는 점이다. 이것은 다른 행성들에서의 역사들을 포함한 모든 역사를 내포할 것이다. 우리는 이런 견해의 초기 변종 사례를 매릴린 맥코드 애덤스의 기독론에서도 볼 수 있다. 애덤스는 창조된 세계 안에서 하나님을 향해 존재하는 적대감을 인지하는 것에서 시작한다. 물질적 세계는 공포와 두려운 악으로 가득 찬 세계다. 하나님이 성육신하신다는 것은 다른 무엇보다 이러한 세계의 공포들이 하나님의 역사 안으로 들어오는 것을 의미한다. 이것은 애덤스를 '파괴된 창조계 고치기'(fix-a-broken-creation) 모형으로 인도한다. "내가 보기에 그리스도는 일차적으로 **우주의 머리**(head of the cosmos)다. 하나님이 세계를 만드신 것은 세계를 위해 그리스도가 되시기 위함이다. 하나님은 하나님 자신을 인간 종의 한 구성원으로 만드심으로써 물질적 우주 전체의 성격을 공유하신다. 내가 보기에 성육신에는 결코 '어쨌든'(anyway)이라는 것이 있지 않은데, 하나님이 이와 같은 세계 안에서 우리를 만드셨기 때문에 우리는 근본적으로 공포에 취약하다"(Adams 2006, 200). 하지만 이 점이 다수 성육신을 배제하지는 않는다. 애덤스는 외계의 지적 생명체라는 질문을 직접 언급하지는 않았지만 다음과 같이 말한다. "동일한 신적 인격에 의해서든 다른 신적 인격에 의해서든 다수 성육신은 형이상학적으로 가능하다"(Adams 2006, 198). 삼위일체의 둘째 인격만이 성육신할 것이라고 강조한 라너와 달리 애덤스는 세 인격 모두에게 성육신을 개방시켜 둔다.

그러므로 우리는 두 가지 대조적인 모형을 갖고 작업에 임한다. '파괴된 창조계 고치기' 모형에 따르면, 성육신에 동기를 부여하는 것은 타락한 세계를 죄로부터 구속하시려는 하나님의 갈망이다. 신적 자기전달 모형에 따르면, 성육신은 창조계가 타락했든 아니든 어쨌든 일어날 것이다. 이 둘째 모형에 따르면 그리스도 안에서의 하나님의 성육신은 창조와 함께 시작하는 하나님의 자기수여적 사랑 이야기 안에서의 또 하나의 장이다. 비록 '파괴된 창조계 고치기' 모형이 단 한 번의 수리에, 그러므로 단수 성육신에 의존하는 것이 내게는 논리적으로 보이지만, 이 노래를 부르는 많은 이들은 단수 성육신 가사구를 부르지 않는다. 그리고 논리적으로 신적 자기수여 모형이, 하나님이 합리적인 들을 귀를 발견하시는 모든 곳-외계 행성에서조차-에서의 신적 자기전달로 이어지게 된다는 것이 내게는 논리적으로 보인다. 그러나 논리적으로 보이는 것이 반드시 신학자들 사이에서 선호되는 선율로 판명되지는 않는다.

하지만 라너와 오미어러, 아일리아 들리오(Ilia Delio)는 신적 자기전달과 다수 성육신 사이에서 논리적 연결을 하는 작은 합창대를 이룬다. 셋은 모두 신적 자기전달 모형에서 시작한다. 오미어러는 라너를 숙고하며 말한다. "성육신은 강렬한 형태의 신적 사랑이므로 이 사랑의 은하적 형태들이 존재하지 않겠는가? 관대한 무한자는 하나보다는 다수의 성육신 경향을 보일 것이다.…일련의 성육신들이 하나님의 새로운 관계들과 새로운 자기실현들을 제공할 것이다.…외계인들 사이에서의 성육신들은 우리와 경쟁하지 않을 것이며 또 그들 서로도 경쟁하지 않을 것이다"(O'Meara 2012, 47).

프란체스코 수도회 멤버 아일리아 들리오는 라너의 인도를 따르면서 오미어러와 유사하게, 그리스도 안에서의 신적 자기전달을 단언하며 비슷하게 다수 성육신을 단언한다. 하지만 들리오는 라너나

오미어러보다 더 철저하게 테이야드적인 유신론적 진화론의 계획 안에서 하나님의 자기전달을 육신을 입은 말씀 안에 위치시킨다. 그리스도의 원리는 생물학적 발전이 일어나는 곳이라면 어디에서든지 이 발전을 불어넣고 인도하고 완성시킨다. 이 우주적 하나님의 말씀은 구체적 육화(肉化)를 취할 수 있으며 어떤 지적 피조물에 의해서도 신적 말씀으로 인지될 수 있다. "외계적 수준에서의 성육신은 상상컨대 일어날 수 있다. 신적 체현인 말씀에 대한 지식을 통해 하나님의 말씀을 이해할 수 있는 어떤 지성이 외계인 종 가운데 존재하는 한, 외계적 수준에서의 성육신은 있을 법한 일이다. 성육신은 다수이지만 그리스도는 한 분이다"(Delio 2012, 169). 라너, 오미어러, 들리오, 이 세 명의 신적 자기수여 모형 지지자들은 자기전달 모형과 다수 성육신을 연결지음으로써 강력한 논거를 마련한다.

우주기독론에서의 선택지들

지금까지 다룬 것들을 돌아보자. 우리는 네 가지 논리적 입장을 밝혔다. 첫 번째 입장은 지구상의 단수 성육신에 '파괴된 창조계 고치

단수 성육신 '파괴된 창조계 고치기'	다수 성육신 '파괴된 창조계 고치기'
단수 성육신 자기전달	다수 성육신 자기전달

기' 기독론을 가정할 것이다. 두 번째 입장은 다수 성육신에 '파괴된 창조계 고치기' 기독론을 가정할 것이다. 세 번째는 지구상의 단수 성육신에 의존하는 '어쨌든 성육신' 모형을 가정할 것이다. 네 번째는 다수 성육신과 결합된 '어쨌든 성육신' 모형을 가정할 것이다.

나는 이 대안들 중 가장 정합성 있는 입장은 첫 번째, 지구상의 단수 성육신 사건이라는 속죄 사역에 대한 의존과 결합된 '파괴된 창조계 고치기' 기독론(더 자세히 말하면 구원론)이라고 생각한다. 내가 순전히 계시적 또는 모범적 기독론보다는 고(高)기독론(그리스도께서 우리의 속죄를 위해 이 세상에 오셨다는 견해다-역주)과 통합하려 한다는 말을 덧붙이려 한다. 따라서 하나님은 지구상의 역사적 성육신에서 존재론적 의미, 즉 공간적·시간적으로 아무리 멀리 떨어져 있어도 물질적 세계 내의 모든 것에 대해 의미를 갖는 무엇인가를 성취하셨다.

나는 전(前) 바티칸 천문대 관장 조지 코인(George Coyne, SJ)이 이 점을 정확히 파악했다고 생각한다. 코인은 피조물의 타락한 상태 또는 죄 중의 상태가 신적 구속 사역을 정당화한다고 가정한다. 그러나 여기서 우리의 요점과 관련해 덧붙인다면, 이 구속 사역은 물질적 실재, 즉 항성과 행성 어디에나 존재하는 물질적 실재의 매우 깊은 곳까지 침투한다는 것이다. "외계인들을 죄 가운데 두고서 어떻게 그가 하나님일 수 있는가? 결국 그는 우리에게 친절히 대해주셨다. 그렇다면 왜 그가 그들에게 친절히 대해서는 안 되는가? 하나님은 인간을 구속하기 위해 매우 구체적인 길을 택하셨다. 그는 그의 유일한 아들 예수를 인간들에게 보내셨고, 예수는 인간들이 그들의 죄로부터 구원받도록 자신의 삶을, 생명을 포기했다. 하나님이 외계인들을 위해서도 이 일을 하셨을까?…기독교 신학 매우 깊은 곳에는…하나님의 구속의 보편성이라는 관념과, 모든 창조계 심지어 무생물조차 그의 구속에 어떤 식으로든 참여하고 있다는 관념까지 자리 잡고 있다"(Coyne 2000, 187). 요약하면, 지구 역사의 예수 안에서의 하나님의 일회적 성육신은 전체 우주를 위해 충분할 것이다.

선취적 우주기독론

이 입장을 조금 더 발전시켜 보자. 다시 한 번 단도직입적으로 물으면, 성육신 개념과 관련해 실제로 무엇이 걸려 있는가? 이 진기한 교리가 기독교적 구속의 계획 안에 왜 들어 있는 것인가? 그 대답은 세계에 대한 하나님의 사랑이 걸렸기 때문이라는 것이다. 미식축구 경기의 포스터에 널리 나타나는 복음의 축소판 요한복음 3:16은 "하나님이 이 세상을 이처럼 사랑하사"라는 문구로 시작한다. 여기서 세상에 해당하는 단어는 우주, **코스모스**(kosmos)다. 코스모스의 개념은 모든 것들, 심지어 모든 물리적인 것을 포함한다. 분명 이 성경의 저자들은 하늘을 올려 보았을 때 현대 과학자들이 망원경으로 볼 수 있는 것보다 훨씬 적은 것을 보았다. 그들은 1400억 개의 은하가 아니라 6천 개의 별을 보았다. 그러나 이런 점이 다음의 근본적 통찰을 바꾸지는 못한다. 하나님이 이 물리적 세계를 사랑하셔서서 예수 그리스도 안에서 이 물리적 세계의 생활방식을 신적 삶 안으로 가져가셨다. 속성의 교류(communicatio idiomata), 즉 세계가 신성을 입고 창조자가 창조된 것을 신적 존재 안으로 가져가는 일이 일어났다. 이 속성의 교환은 신적 갱신 능력-궁극적 변혁의 약속-이 이제 이 세계 자체에 속함을 의미한다.

하나님이 예수를 첫 부활절에 죽은 자들로부터 일으키셨을 때, 이것은 우리 인간 종과 모든 피조물들에게 죽은 자들로부터의 미래적 부활에 대한 신적 약속이 되었다. 실제로 예수의 부활은 우리에게 하나의 선취, 다가올 새 창조의 약속에 대한 성육신적 기대 항목이다. 이 미래적 구속은 하나님의 나라, 새 예루살렘, 천국, 또는 새로운 창조계 같은 성경적 상징의 형태로 예기되어 있다. 이 신적 약속은 빅뱅과 '빅립'[Big RIP(Rest In Peace), 세계의 종말] 사이에 있는 모든 우주 역사를 포함한 전체 우주에 대해 유효하다. 정확히 이 종말론적 구속이 어떤 모습일지는 미지이고 약간 불가사의하지만, 우리는 그것이 부활절 예수에게 일어난 것의 우주적 버전과 같을 것이라는 점을 안다.

우주기독론에 대한 함의는 바로 이것이다. 예수의 부활은 단지 지구의 역사뿐 아니라 우주적 역사에서 한 단초가 된다. 글리즈 832(Gliese 832) 또는 케플러 90(Kepler 90) 같은 외계 행성(Johnson and Kelly 2014)의 문명에 사는 외계인들도 결국 행성 지구에서의 하나님의 속죄 사역의 혜택을 향유할 것이다. 그들은 알든 모르든 간에 하나님의 구속 안에 포함될 것이다. 틸리히 말이 맞는다면, 그들은 신적 은혜에 대한 신뢰를 고무시킬 하나 또는 그 이상의 계시를 받아들일 것이다.

이 입장을 옹호한다면 일부 달갑지 않은 반향을 각오해야 한다. 예를 들면, 신(新)지구 중심주의라는 비난을 받을 수도 있다. 왜냐하면 우리의 행성에 특별히 선택된 위상을 부여하는 것처럼 보이기 때문이다. 그러나 나는 어떤 유형의 지구 중심주의도 옹호하고 싶지 않다. 구원을 모든 창조계, 모든 은하계에 대한 신적 은혜의 종말론적 선물로 보기 때문이다. 예수 사건 안에서 지구에서 일어난 일은 하나의 예기, 즉 예수 사건이 약속하는 우주적 범위의 변혁의 예기다. 내 생각에 이것은 의식 있는 존재들이 그것의 진리를 깨닫든 깨닫지 못하든 우주에 대해 주장하는 바다.

지구 중심주의라는 이러한 비난은 지구 상의 역사적 사건이 태양계 밖의 행성에 결코 알려지지 않을 수도 있다는 추가 사항을 지닐 수 있다. 그리고 이것은 우리 지구인들이 우주적 진리에 대한 배타적 접근 권한을 가짐을 암시한다. 이 주장이 **오만**(hubris) 또는 인간 중심주의를 주장하는 것은 아닐까? 그렇지 않다. 왜냐하면 나는 다른 어떤 시간 어떤 장소에서 일어날 수 있는 신적 자기계시의 다른 형태 또는 사건을 부정하지 않기 때문이다. 틸리히와 마찬가지로 나는, 피조물들이 죽음의 괴로움과 죄의 공포에 둘러싸인 곳에 하나님이 창조와 구속의 능력이 알려지게 하시리라 예측할 수 있다. 계시에 관한 한 이 입장은 지구 중심적이지 않다.

결론

몰트만(Jürgen Moltmann)은 "우주적 종말론 없이는 [인류의] 종말론적 실존에 대한 주장이 있을 수 없다.…세계상(世界像)과 신앙은 분리될 수 없다"라고 포고한다(1967, 59). 우주 전체를 포함하는 세계상을 통해 우리는 웅장함을 느끼고, 신앙을 통해 감사를 느낀다. 대담하게 들릴지 모르지만, 기독교적 세계상은 우주 전체를 위한 다가올 새 창조의 비전을 포함한다. 기독교는 첫 부활절에 나사렛 예수에게 일어난 것이 미래 지구의 창조계 전체에 일어날 일들의 모형이라고 주장한다.

이것이 성육신 개념이 의미하는 것이다. 만약 성육신을 행성 지구에 휴가를 온 천상적 존재 또는 일시적으로 인간의 외형을 갖춘 영적 존재라는 관점에서 생각한다면, 그것은 오해를 낳을 것이다. 그보다 성육신은 예수의 삶과 죽음, 부활 전체에 대한 축약적 암호다. 그것은 철저히 창조계 안에 존재하는 모든 것을 갱생하겠다는 하나님의 약속 안에 자리 잡고 있다. 우주기독론은 지구를 훨씬 넘어서는 곳으로 확장되는 약속을 전한다. 그것은 모든 항성과 모든 우리의 우주 이웃을 포함한다.

참고문헌

Abbott, Walter M., *The Documents of Vatican II* (New York, NY: America Press, 1966).

Adams, Marilyn McCord, *Christ and Horrors* (Cambridge, UK: Cambridge University Press, 2006).

Cartlidge, Edwin, "Talking Science and God with the Pope's New Astronomer", Science 350(6526) (2015), pp. 17-18.

Consolmagno, Guy, SJ, and Paul Mueller, SJ., *Would You Baptize an Extraterrestrial?* (New York, NY: Image, 2014).

Coyne, George V., SJ., "The Evolution of Intelligent Life on Earth and Possibly Elsewhere: Reflections from a Religious Tradition", In *Many Worlds*, edited by Steven Dick (Philadelphia, PA: Templeton Foundation Press, 2000), pp. 177-188.

Crowe, Michael J., *The Extraterrestrial Life Debate: Antiquity to 1915* (Notre Dame, IN: University of Notre Dame Press, 2008).

Davies, Paul, *God and the New Physics* (New York, NY: Simon and Schuster, 1983).

_____, "Transformations in Spirituality and Religion", In *When SETI Succeeds: The Impact of High-Information Contact*, edited by Allen Tough (Bellevue, WA: The Foundation for the Future, 2000), pp. 41-55.

Delio, Ilia, "Christ and Extraterrestrial Life", *Theology and Science* 5 (2007), pp. 249-265.

_____, *Christ in Evolution* (Maryknoll, NY: Orbis Books, 2012).

Drees, Willem B., "Bethlehem: Center of the Universe?", In *God for the 21st Century*, edited by Russell Stannard (Philadelphia, PA: Templeton Foundation Press, 2000), pp. 67-70.

Foster, Durwood, *The God Who Loves* (New York, NY: Bruce Publishing Company, 1971).

Hart, John, *Encountering ETI* (Eugene, OR: Cascade, 2014).

Heim, S. Mark, *The Depth of the Riches: A Trinitarian Theology of Religious Ends* (Grand Rapids, MI: William B. Eerdmans, 2001).

Impey, Chris, *The Living Cosmos: Our Search for Life in the Universe* (New York, NY: Random House, 2007).

Johnson, Rick, and Roen Kelly, "Exoplanet Systems Illustrated", *Astronomy* 4(12)(2014), pp. 44–45.

Losch, Andreas, and Andreas Krebs, "Implications for the Discovery of Extraterrestrial Life: A Theological Approach", *Theology and Science* 13 (2015), pp. 230–244.

Lossky, Vladimir, *Orthodox Theology: An Introduction* (Crestwood, NY: St. Vladimir's Seminary Press, 1989).

Mix, Lucas John, *Life in Space* (Cambridge, MA: Harvard University Press, 2009).

Moltmann, Jürgen, *Theology of Hope*, Translated by James W. Leitch (New York: Harper, 1967).

O'Meara, Thomas F., *Vast Universe: Extraterrestrials and Christian Revelation* (Collegeville, MN: Liturgical Press, 2012).

Paine, Thomas, *Age of Reason* (1794), http://www.deism.com/theageofreason.htm

Pannenberg, Wolfhart, *Systematic Theology*, translated by Geoffrey W. Bromily. 3 Volumes (Grand Rapids, MI: William B. Eerdmans, 1991–1998).

Peacocke, Arthur, "The Challenge and Stimulus of the Epic of Evolution to Theology", In *Many Worlds*, edited by Steven Dick (Philadelphia, PA: Templeton Foundation Press, 2000), pp. 89–117.

Peters, Ted, "Astrotheology and the ETI Myth", *Theology and Science* 7: 3–30 (2009).

_____, "The Implications of the Discovery of Extra-Terrestrial Life for Religion", *The Royal Society, Philosophical Transactions*

A 369(1936)(2011), pp. 644-655, http://rsta.royalsocietypublishing. org/content/369/1936.toc

_____, "Astrotheology", *The Human Project in Science and Religion*: *Copenhagen University Discussions in Science and Religion*, Volume II, edited by Anne L. C. RunehovandCharles Taliaferro (Copenhagen, Denmark: University of Copenhagen, Faculty of Theology, 2013a), pp. 191-218.

_____, "Astrotheology", In *The Routledge Companion to Modern Christian Thought*, edited by Chad Meister and James Beilby (New York, NY: Routledge, 2013b).

_____, "Astrotheology: A Constructive Proposal", *Zygon: Journal of Religion and Science* 49 (2014), pp. 443-457.

Polkinghorne, John, *Science and Providence* (Boston, MA: Shambhala, 1989).

_____, *Science and the Trinity: The Christian Encounter with Reality* (New Haven, CT: Yale University Press, 2004).

Rahner, Karl, *Theological Investigations* 22 Volumes (London, UK: Darton, Longman, and Todd, 1976-1988).

Russell, Robert John, "What Are Extraterrestrials Really Like?", In *God for the 21st Century*, edited by Russell Stannard (Philadelphia, PA:Templeton Foundation Press,2000), pp. 64-67.

Tillich, Paul, *Systematic Theology* 3 Volumes (Chicago, IL: University of Chicago Press, 1951-1963).

Wilkinson, David, *Science, Religion, and the Search for Extraterrestrial Intelligence* (Oxford, UK: Oxford University Press, 2013).

테드 피터스(Ted Peters)

퍼시픽 루터 신학교 및 버클리 연합신학대학원 조직신학자. 미시 간 주립 대학교를 졸업하고, 트리니티 루터 신학교에서 목회학석사 (M.Div.)를 시카고 대학교에서 철학박사(Ph.D.) 학위를 받았다. 신학과 과학의 융합을 통해 포스트모던 시대의 기독교 신학을 제시하는 선도적 신학자로 평가받고 있다. 저서로 The Evolution of Terrestrial and Extraterrestrial Life, Can You Believe in God and Evolution?, The Cosmic Self, Cosmos as Creation, Fear, Faith and the Future 등이 있고, The Gift of Grace, Science and Theology 등을 편집했다.

번역 김의식

대한예수교장로회 예본교회 부목사. 서울대학교 건축학과를 졸업하고 미국 루이빌 신학교(M.A.), 한국 장로회신학대학교 신학대학원 (M.Div., Th.M.)에서 공부한 후 성균관대학교 번역테솔대학원에서 번역학(M.A.)을 전공했다. 한국학중앙연구원 한국학대학원 박사 과정을 수료하고 현재 한국학중앙연구원의 연구원으로 일하며 문서 사역의 일환으로 번역을 하고 있다.

성경 속 과학의 수수께끼 2

가인의 아내는
누구인가

송인규

성경을 진지하게 믿는 이들이나 성경에 대해 회의적인 태도를 취하는 이들이 공통으로 거론하는 주제 중 하나가 바로 가인의 아내에 대한 질문이다. 아담과 하와, 그리고 가인밖에 없는 것처럼 보이는 창세기 4:8(가인의 아벨 살인) 이후의 상황에서 가인이 관계를 맺은 아내(창 4:17)는 누구이며 그는 어디에서 왔는가가 질문의 핵심이다. 이 질문은 유대인 학자들에게도 문제였고, 기독교 역사 초기부터 씨름해 온 사안이기도 하다. 흥미로운 것은 1925년 미국에서 열린 스콥스재판(Scopes Trial) 때 변호인 측의 대로우(Clarence Darrow) 변호사가 기소자 측 증인으로 나온 근본주의 정치가 브라이언(William Jennings Bryan)을 몰아세우며 던진 질문 가운데 하나가 바로 이것 - "가인이 어디에서 아내를 얻었는지 알고 계십니까?"-이었다는 사실이다.[1] 이 질문에 대해 다음 네 가지로 정리한다.

해체(dissipation)전략

이것은 흔히 생각하는 답변 방식이 아니다. 왜냐하면 '이 질문은 질문이 되지 못한다'는 반응이기 때문이다.

비판적 입장의 어떤 학자는 창세기 4장의 편집자가 기원이 서로 다른 여러 문서 - 예를 들어 가인의 범죄 기사, 가인의 족보 등 -

---

[1] Edward J. Larson, *Summer for the Gods: The Scopes Trial and America's Continuing Debate over Science and Religion* (New York: BasicBooks, 1997), p. 189.

를 융합시키느라 세부 사항들의 조화는 염두에 두지 않았으므로 질문해 봐야 아무 소용이 없다는 식으로 설명한다.² 또 다른 학자는 창세기 1-11장의 내용은 현대적 의미에서의 역사 기록이 아니기 때문에, 4장에 등장하는 가인의 아내에 대해 물을 필요조차 없다고 한다.³

근친혼(近親婚, intermarriage)에 의한 설명

이 견해는 가인의 아내가 그의 자매(또는 조카)라는 추정에 근거한다. 하나님께서 아담과 하와에게 생육하고 번성하라(창 1:28)고 하셨는데, 인류의 초기에는 오누이(혹은 삼촌-질녀)간의 성적 결합을 통하지 않고는 이런 번성이 불가능했다는 것이다.

흔히 창세기 4장을 읽으며 아담-하와 부부 외에 가인밖에 없다는 인상을 받는다. 그러나 그것은 사실이 아니다. 창세기 5:4을 보면 아담이 가인과 아벨, 셋 외에도 자녀들-아들들과 딸들-을 낳았다고 돼 있다. [유대 역사가인 요세푸스(Flavius Josephus)는 유대인의 전통

---

2 Gerhard von Rad, *Genesis: A Commentary*, rev. ed., trans. John H. Marks (Philadelphia: The Westminster Press, 1972), p. 110.

3 Alan Richardson, Genesis 1-11 (London: SCM Press Ltd, 1953), pp. 86-87; Denis O. Lamoureux, *Evolutionary Creation: A Christian Approach to Evolution* (Eugene, Oregon: Wipf & Stock, 2008), p. 207.

을 인용해 아담에게 아들 33명, 딸 23명이 있었다고 말한다.] 가인이 첫째 아들임은 확실하지만 아벨이 반드시 둘째 아들이거나 셋이 셋째 아들일 이유는 없다. 따라서 아담은 130세에 셋을 낳기 전(창 5:3) 이미 여러 아들과 딸을 두었을 수 있다.

물론 계속해서 '오누이(혹은 삼촌-질녀)간의 성적 결합은 율법(레 18:9; 20:17)이 금하는 것 아닌가?'라는 질문을 할 수 있다. 그러나 하나님은 인류 역사의 초기부터 근친끼리의 성적 관계를 금한 것이 아니라 그로부터 몇 천 년 후인 모세의 시대에 이르러 그런 관계를 금지하신 것으로 나온다. (혹자는 인류 초기에는 근친간의 성적 결합이 유전적 폐해를 일으키지 않았다고 주장한다.) 어쨌든 유대인의 고대 문서인 『희년의 책』(Book of Jubilees, iv. 8-9)에는 가인의 아내 이름이 아완(Awan)으로 나온다.

가인의 아내를 그의 누이(혹은 질녀)로 보는 견해는 주창자의 범위가 매우 넓다. 유대 학자들[4]로부터 로마 가톨릭[5]에 이르기까지 그 지지자들이 퍼져 있고, 무엇보다 복음주의자들 대다수[6]가 호응하고 있다.

---

[4] U. Cassuto, *A Commentary on the Book of Genesis, Part One: From Adam to Noah*, trans. Israel Abrahams (Jerusalem: The Magnes Press, 1961), p. 229.

[5] Sebastian Carnazzo, "Who Was Cain's Wife?" at http://instituteofcatholicculture.org/ who-was-cains-wife/ accessed on October 26, 2016.

[6] C. F. Keil and F. Delitzsch, *Commentary on the Old Testament*, Vol. I: *The Pentateuch*, trans. James Martin (Grand

아담 전 인류론 (pre-Adamite theory)

아담 전 인류론은 갈래가 여럿이지만, 어쨌든 우리가 흔히 아는 성경의 아담 이전에 이미 인류가 존재했다는 주장이다. 이 이론은 유신진화론자들-그중에서도 특히 복음주의적 유신진화론자들-이 선호하는 입장인데, 인류의 출현 시기를 50만-200만 년 전으로 보는 고생물학의 주장을 창세기에서 묘사하는 아담의 창조 기사와 어떻게 연관시킬 수 있을까 고민하던 중에 생겨났다.

이 견해들의 공통 양상은 창세기 1:26-28에서 창조된 인간(아담

Rapids, Michigan: William B. Eerdmans Publishing Company, 1981 reprint), p. 116; Robert Jamieson, A. R. Fausset, and David Brown, *A Commentary Critical, Experiential, and Practical on the Old and New Testaments*, Vol. One, Part One: *Genesis-Deuteronomy* by Robert Jamieson (Grand Rapids, Michigan: William B. Eerdmans Publishing Company, 1993 reprint), p. 73.
이것은 즉각적 창조론자[Ken Ham, "Cain's Wife-Who Was She?" at https:// answersingenesis.org/bible-characters/cain/cains-wife-who-was-she, accessed on October 26, 2016] 나 점진적 창조론자[C. John Collins, *Did Adam and Eve Really Exist?: Who They Were and Why You Should Care* (Wheaton, Illinois: Crossway, 2011), p.113; Hugh Ross, *Navigating Genesis: A Scientist's Journey through Genesis 1-11* (Covina, CA: RTB Press, 2014), pp. 119-120]의 경우도 마찬가지다. 드물게는 복음주의적 유신진화론자 가운데 어떤 이 역시 이 견해를 지지한다[Gavin Basil McGrath, "Soteriology: Adam and the Fall," *Perspectives on Science and Christian Faith*, Vol. 49, No. 4 (December 1997): 252-263 at http://www.asa3.org/ASA/ PSCF/1997/PSCF12-97McGrath.html, accessed on November 6, 2016].

1)과 2:7의 창조 대상(아담2)을 별개로 상정한다는 점이다. '아담'이라는 단어는 개인을 지칭하기도 하지만 집단을 가리킬 수도 있기 때문에, 창세기 1:26-28에서 창조된 존재(아담1)는 개인이 아니라 집단으로, 창세기 2:7에서 묘사된 존재(아담2)는 개인으로 해석한다. 동시에 창세기 1:26-28에 출현하는 존재(아담1)는 고생물학에서 주장하는 인간 종(Homo sapiens)이지만, 창세기 2:7에 나타난 개인(아담2)은 우리가 흔히 알고 있는 인물 아담이라는 것이다.

창세기 1장의 창조는 인류의 화석자료에 따라 25만-50만 년 전에 발생한 일이고 그 대상이 이방인이요, 창세기 2장의 창조는 약 6천 년 전에 이루어진 히브리인의 창조에 해당된다고 보는 이도 있다. 가인은 아벨을 죽인 후 이방인들의 거처로 발길을 돌렸고, 거기에서 이방 여인 중 하나를 아내로 맞았다는 것이다.[7]

학자들은 대체로 창세기 1장의 아담(아담1)을 고생물학의 인류 출현(50만-20만 년 전)과 동일시하고, 창세기 2장의 아담(아담2)은 8천-1만 년경 신석기 시대에 살던 근동 지방의 어떤 농부로 생각한다.[8]

---

[7] C. Robert Follett, "Cain's Wife…Who Was She? Finally Answered!" at http://www.thegodanomaly.com//cains-wife-who-was-she-finally-answered/ accessed on November 2, 2016.

[8] Allan J. Day, "Adam, Anthropology and the Genesis Record –Taking Genesis Seriously in the Light of Contemporary Science", *Science & Christian Belief*, Vol. 10, No. 2 (October 1998), pp. 141, 142-143; Denis R. Alexander, *Creation or Evolution: Do We Have to Choose?*, 2nd ed. (Oxford, UK: Monarch Books, 2014), pp. 224-226, 290-292.

기이한 이론들

마지막은 주류 학문의 흐름에서 다소 벗어난 이례적 견해를 반영한다. 이런 이론들은 객관적 증빙이 결여되었거나 모순되는 요소를 내포하는 수가 많아서 항간에 떠도는 '헛소문'과 성격이 비슷하다.

어떤 이는 창세기 1:26에서 창조된 대상이 '인류'이므로, 이 가운데 아담과 하와 말고 다른 여성이 있을 수 있고 가인은 바로 그 대상을 아내로 맞았다는 식으로 이론을 전개한다.[9] 또 하나님께서 아담의 몸에서 하와를 만드셨듯 가인의 아내 역시 가인의 몸에서 만들어 냈다거나, 아담처럼 가인의 아내를 흙으로 지었을 수도 있다는 의견을 제시하는 이도 있다.[10]

리투아니아 출신 유대 랍비 여히엘(Jehiel Heiprin, 1660-1746)이 1768년에 출간한 전설집(Seder HaDorot)을 보면, 아담과 하와가 가인과 아벨을 낳으며 각각 쌍둥이 자매를 낳았는데 가인의 쌍둥이 자매 칼마나(Kalmana)가 후일 가인의 아내가 되었다고 한다.[11] 또 어떤 이는 아담의 첫째 아내는 하와가 아닌 릴릿(Lilith)인데, 그가 릴림

---

[9] Claude Mariottini, "Where Did Cain Find His Wife?" at https://claudemariottini.com/ 2013/12/28/where-did-cain-find-his-wife/ accessed on November 2, 2016.

[10] Nicholas J.라는 인물의 견해로서, "Cain's wife and brother-sister intermarriage," at http://creation.mobi/cains-wife-brother-sister-intermarriage, accessed on November 2, 2016 에 나타난다.

[11] "Balbira and Kalmana," at https://en.wikipedia.org/wiki/Balbira_and_Kalmara, accessed on November 5, 2016.

(Lilim)이라는 딸을 낳았고 그 딸이 가인의 아내가 되었다고 주장한다.12

이런 여러 이론들은 우리의 호기심은 충족시킬지언정 합당한 답변으로서는 별 가치가 없다.

복음주의자들은 성경을 신앙과 삶의 최종적이고 무오한 권위로 받아들이지만, 그것이 성경의 진술에 대한 해석 과정조차 배제한다는 말은 아니다. 내가 성경의 내용과 더불어 과학적·학문적 증거까지 감안하는 것은 바로 이런 이유 때문이다. 그런 관점에서 볼 때 아무래도 대다수의 복음주의자들은 '가인의 아내'와 관련해 두 번째 및 세 번째 견해를 선호하리라 생각한다.

12 Walter Parks, *Cain's Wife, Lilith's Daughter* (Orlando, FL: Unknown Truths publishing Company, 2012), pp. 5-6, 39-40.

송인규
건국대에서 축산학을, 총신대학교 신학대학원과 캘빈신학교에서 신학을, 시라큐스 대학교에서 철학(Ph.D.)을 공부했다. 한국 IVF 총무를 역임했고 합동신학대학원대학교에서 조직신학을 20년 가까이 가르쳤다. 정년퇴임 후 현재 한국교회탐구센터 소장을 맡고 있다.
저서로는 『나의 주 나의 하나님』『예배당 중심의 기독교를 탈피하라』『고립된 성』『세 마리 여우 길들이기』『새로 쓴 기독교, 세계, 관』(이상 IVP), 『아는 만큼 누리는 예배』『평신도 신학』(이상 홍성사) 등이 있다.

북 리뷰

창조론 역사 연구의 결정판 _박희주
정교한, 더 정교해야 할 _김기현
높은 곳에서 바라본 인간 _손화철
인류의 발생과 진화에 대한 흥미진진한 교양서 _옥명호
멸종과 진화를 되풀이해 온 지구 생명체 _이상희

창조론 역사 연구의 결정판

박희주

책 제목 창조론자들: 과학적 창조론에서 지적설계론까지
저자 로널드 L. 넘버스   역자 신준호   출판사 새물결플러스   출간년도 2016년

창조론에 대한 책과 정보는 넘쳐난다. 예를 들어 영어판 위키피디아에서 과학적 창조론, Scientific Creationism을 표제어로 찾아보자. 긴 설명 말미에 핵심 참고도서로 20여 권의 목록이 나온다. 그리고 그 밑에 창조론을 옹호하는 책 20여 권, 비판하는 책 15권 정도가 더 열거되어 있다. 게다가 이들 목록에 포함되지 않은 책은 더 많다. 지적설계론, Intelligent Design은 어떤가? 더 긴 설명과 더 긴 목록이 달려 있다. 한글로 된 정보 역시 이에 비할 바는 아니지만 지난 35년 동안 한국창조과학회가 쏟아 낸 정보량이 만만치 않다. 창조-진화 논쟁에 관심을 갖고 나름 진실을 찾아 나선 독자들은 이 같은 정보의 홍수 속에서 길을 잃기 십상이다. 『창조론자들』은 이러한 혼돈에 길을 밝혀 줄 등불과 같은 책이다.

창조론 운동과 홍수지질학

『창조론자들』은 부제가 말하듯 과학적 창조론에서 지적설계론에 이르기까지 다양한 창조론을 다루지만 900쪽이 넘는 이 책의 대부분을 차지하는 것은 과학적 창조론이다. 1992년 이 책이 처음 출판되었을 때 지적설계론은 태동기에 있었다. 이후 10여 년 동안 지적설계론을 둘러싼 논쟁과 담론은 크게 확장되었고, 이를 포함해 2006년에 증보판이 출간되었다. 한국어 번역본은 증보판을 사용했는데, 유신론적 진화론에 100여 쪽, 지적설계론에 60여 쪽 정도가 할애되었을 뿐이다. 20세기 초 미국에서 시작된 창조-진화 논쟁의 역사에서 중심을 차지한 것은 과학적 창조론이었고 한국에 소개된 창조론 역시 이것이다(한국창조과학회의 '창조과학'이란 명칭과 '과학적 창조론'은 동의어다. 이하 창조과학이라 칭함). 이 책은 진화론을 다루지 않는다. 이 책은 진화론에 대한 대응운동의 역사인데, 그 중심에 창조과학이 있으며, 이 책은 창조과학의 기원과 전개 과정을 추적한다.

창조과학은 크게 반진화론과 홍수지질학 두 요소로 구성되어 있다. 저자가 서문에서 밝히듯, 이 책의 초점은 홍수지질학에 있다 (p. 29). 홍수지질학은 대부분의 화석기록과 지층현상을 노아의 홍수의 결과로 설명하는 것으로서 현대 창조과학의 핵심이다. 창조과학의 대부로 일컫는 헨리 모리스(Henry Morris)에 의하면 "창세기의 홍수는 진화론의 우주론과 창조론의 우주론 사이에서 발생하는 갈등의 진정한 핵심이다"(p. 28). 이 책은 20세기 홍수지질학의 기원을 안식교의 '자칭' 지질학자 조지 맥크리디 프라이스(George

McCready Price)에서 찾는다. 안식교의 엄격한 안식일 규정에 따라 안식교인들은 창조의 날들을 문자적으로 해석해 왔으며, 진화적 해석은 물론 날을 지질학적 기간으로 보는 상징적 해석도 모두 배제했다. 이런 노선을 따라 700쪽이 넘는 대표작 『새로운 지질학』(The New Geology, 1923)에서 프라이스는 단 한 번의 보편적 대홍수로 모든 지층과 화석의 발생을 설명하는 홍수지질학을 완성한다.

그러나 프라이스의 홍수지질학은 안식교의 범위를 결코 벗어나지 못했다. 이를 넘어 홍수지질학을 기독교 보수 신앙 전체로 대중화시킨 사람은 단연 헨리 모리스였다. 버지니아 공대의 수리공학 교수였던 모리스는 1961년 신학자 위트콤(John C. Whitcomb)과 함께 『창세기 홍수』(The Genesis Flood)를 출간한다. 『창세기 홍수』는 근본주의 신앙을 가진 이들에게 큰 반향을 불러일으켰으며 이들을 결집하는 구심점 역할을 했다. 이로부터 1970년대 창조론 운동이 탄생한다. 이제 홍수지질학은 창조론 운동과 함께 미국 사회 전반에 퍼졌다. 1920년대 반진화론 운동이 반진화론법을 도입해 진화론 교육 금지를 요구했다면, 1970년대 창조론 운동은 소위 '동등시간법'을 통과시켜 공립학교에서 진화론과 함께 창조론을 가르칠 것을 요구한다. 그러나 동등시간법은 격렬한 논쟁에 휩싸여 1982년 아칸소 주의 재판에서 위헌판정을 받는다. 창조론 운동도 큰 타격을 받게 되어 이후 등장한 것이 지적설계론이다. 이상이 이 책이 다루는 창조론자들의 역사의 큰 줄기다.

창조과학의 정체성

1991년 갤럽 여론조사에 의하면, 미국인의 47퍼센트가 "하나님이 지난 1만 년 안의 어느 시점에 인간을 현재 형태와 매우 비슷하게 창조하셨다"고 믿는다. 1만 년의 시간 프레임은 프라이스의 홍수지질학에서 핵심 요소다. 처음 탄생했을 때 근본주의자들에게조차 지엽적인 의견으로 치부된 프라이스의 홍수지질학이 어떻게 미국 사회 절반의 마음에 영향을 미치게 되었을까? 프라이스의 홍수지질학은 어떤 과정을 거쳐 모리스의 창조과학으로 재탄생했을까? 『창조론자들』이 던지는 핵심 질문이다. 이 책은 그 과정을 정교하게 추적한다.

『창조론자들』은 방대한 역사적 연구의 산물이다. 이 책은 제목 그대로 프라이스와 모리스를 위시해 20세기 창조론의 역사에 등장하는 수많은 사람들의 인물사를 엮었다. 출판된 자료는 물론 이들의 편지와 회의록 등 쉽게 접할 수 없는 자료들을 오랜 기간 수집해 핵심을 엮어 놓은 연구서로서 한 마디로 창조론 역사 연구의 결정판이라고 할 수 있다. 나는 호주에서 창조-진화 논쟁에 관한 박사학위 논문을 준비하며 1995년 자료 수집을 위해 한 달여간 미국을 여행한 적이 있다. 넘버스(Ronald L. Numbers) 교수를 방문했을 때 그는 친절하게도 『창조론자들』을 집필했던 자택의 지하 1층 서가로 안내했는데, 넓은 지하층의 사방 벽면을 가득 채운 희귀한 자료에 입을 다물지 못했던 기억이 있다. 또 안식교의 본산인 성 앤드류 대학을 방문했을 때는 그가 기증한 또 다른 방대한 자료가 사료실에서 나를 맞았다. 넘버스 교수의 연구는 내 학위 논문의 방향에도 결정적 영향을 주었다. 창조론 운동의 역사 연구에서 덧붙일 것이 보이지 않았던 나는 진화론자들의 조직적 반창조론 운동에 대한 연구로 방향을 틀었다.

『창조론자들』은 프라이스로부터 모리스로 이어지는 창조과학의 형성 과정을 정교하게 추적함으로써 창조과학의 정체성을 선명하게 보여 주었다. 이 책이 가진 또 다른 가치는 극도로 양극화된 논쟁적 주제를 차분하고 공정하게 다룬 데서 찾을 수 있다. 창조론 논쟁과 관련한 수많은 책들은 창조론과 반창조론으로 양분되어 있다. 창조과학 진영은 진화론에 대한 혐오를, 진화론 진영은 창조과학에 대한 조롱을 여과 없이 분출한다. 이런 상황에서 넘버스의 제안은 귀 담아 들을 필요가 있다.

> 15세기의 점성술, 17세기의 연금술 또는 19세기의 골상학도 아무 문제없이 이해심 있게 연구하는 학자들조차 20세기의 창조론과…근본주의적 옹호자들을 연구할 때는…"이 인간들이 하는 짓을 막아야 돼"라는 것이었다.…많은 학자들이 우리와 시대적 지리적으로 멀리 떨어진 민족들의 독특한 믿음과 행동을 존중하는 데는 아무 어려움이 없어 보이지만, 그들 자신의 이웃을 조사하는 경우에는 이해를 비난으로 바꾼다. 나는 이웃과 잘 사귀는 것이 유익한 일이고, 그들이 위협적으로 느껴지는 경우라면 더욱 더 그렇다고 생각한다. (p. 38)

이런 관점에서 연구되고 서술된 『창조론자들』은 지지자나 반대자 모두에게 매우 유익한 책이 되었다. 격렬한 창조-진화 논쟁을 바라보며 심적 피로감을 느끼는 독자에게 일독을 권한다.

박희주
명지대학교 교양학부 교수. 한양대학교 전자공학과와 동 대학원 사학과를 졸업한 후 호주 멜버른 대학교에서 과학사를 전공했다. 기독교학문연구소 연구원, 한국과학사학회 간사로 활동하기도 했다. 역서로 『창조와 과학의 세 가지 견해』 『생명과 우주에 대한 과학과 종교논쟁 최근 50년』 등이 있다.

정교한, 더 정교해야 할

김기현

책 제목 정교하게 조율된 우주   저자 알리스터 맥그래스
역자 박규태   출판사 IVP   출간년도 2014년

처음 만난 맥그래스

내가 알던 알리스터 맥그래스(Alister McGrath)가 아니다. 내가 처음 읽은 그의 책은 『루터의 십자가 신학』이었다. 대학원(Th.M.)의 첫 학기 부전공 수업이었던 종교개혁 시간에 루터에 푹 빠져서 자료를 뒤적이다가 알게 된 책이다. 어렵게 원서를 구해 독파했는데, 한 마디로 탁월했다. 그러나 그 이후 번역 출간된 맥그래스의 책들은 주로 잘 정리된 개론서 성격의 것들이라 다소 실망했다.

그의 재능과 실력을 재확인해 준 책은 리처드 도킨스(Richard Dawkins)의 『이기적 유전자』(The Selfish Gene, 을유문화사)에 대한 비판서 『도킨스의 신』(Dawkins' God, SFC)과 『만들어진 신』(The God Delusion, 김영사)에 대한 비판서 『도킨스의 망상』(The Dawkins delusion?, 살림)이다. 또 최근 출간된 C. S. 루이스의 평전(C. S. Lewis: A Life, 복있는사람)이 나를 열광시켰다. 그는 이 책에서 20세기 최고

135

변증가의 삶과 사상과 사랑을 꼼꼼하면서도 유려한 필치로 그려 냈다.

그런 그가 기포드 강연자로 내 앞에 다시 나타났다. 자연신학 분야의 최고 명성에 걸맞은, 기라성 같은 신학자와 과학자들의 지성의 향연에 그도 어깨를 나란히 한 것이다. 맥그래스는 신학과 과학 양 분야에서 훈련받고 저술해 온 학자답게 1부에서는 신학을, 2부에서는 우주론을 다룬다. 두 분과를 이원론적으로 분리시키지 않고 논리적 일관성을 갖고 빼어나게 기술한다. 그간 그를 저평가했던 것이 미안할 정도다. 내가 처음 만났던 그 맥그래스가 맞다.

씨앗 같은 원리

내가 이 책의 백미로 꼽는 부분은 8장이다. 『고백록』의 저자 아우구스티누스(Augustin)의 창조 이해를 통해 창조와 진화를 동시에 설명할 수 있는 근거를 마련해 주었기 때문이다. 아우구스티누스에게는 시간도 창조되었으므로 창조는 일회적 사건으로 끝나지 않고 하나님의 섭리와 인도하심 가운데 계속적으로 이루어진다. "씨앗 같은 원리들"은 지속적 창조를 설명하는 핵심 키워드다. 땅에 뿌려진 씨앗은 그 안에 내재된 생명력에 의해 스스로 자란다. 자연 내부의 인과율에 의해 자연 스스로 성장, 발전, 변화를 이끌도록 하신 것이다.

아우구스티누스의 창세기 해석을 발판으로 삼아 저자와 더불어 우리는 진화 역시 하나님의 창조 사역의 일부임을 확언할 수 있다. 맥그래스에 의하면, 다윈주의는 성경 자체가 아니라 특정한 과학, 곧 아리스토텔레스와 성경을 뒤섞은 것에 대한 도전이다. 성경을 해석하는 특정한 렌즈를 부정한 것뿐이다(p. 239). 그런데도 우리는 당대의 관념을 성경의 관점인 양 방어하느라 신앙의 고유성을 스스로 훼손한다.

한국의 기독교 내부에서 성경의 몇몇 자구를 동원해 자연과학의 성취를 깡그리 부정하는, 위험하고도 반자연과학적이고 비기독교적인 모습을 본다. 자연의 역동성을 보지 못하고 하나님의 계속적 창조를 이해하지 못한 탓이다. 기독교와 과학의 대화는 상대편의 존재와 성과를 존중할 때에야 가능하다. 그런 점에서 맥그래스의 아우구스티누스 활용은 지혜롭다.

자연신학의 재발견

내가 자연신학에 부정적 태도를 견지해 온 주요한 이유는 신의 존재와 활동을 증명하려 한다는 의혹 때문이었다. 증명하는 과학과 증명되는 신의 관계는 결과적으로 위치의 역전이 발생한다. 과학이 신이 되고, 신은 과학의 일부가 된다. 과학에 의한 증명을 통해서만 자신을 설명할 수 있는 하나님은 참으로 초라하다(p. 155).

자연현상을 통해 신의 존재를 증명하거나 신의 행위를 합리화하려는 일체의 시도는 다름 아닌 하나님 자신이 거부하신다. 어차피 인간의 논리 체계로 증명된 신은 신이 아닐 뿐더러 인간 스스로 신을 정복했다고 말하는 교만일 따름이다. 그리고 신이라는 작업 가설이 없어도 잘 설명해 내는 이론이 있다면, 그때 신은 또 무엇인가? 내가 신이라면 참 민망하기 그지없을 터.

맥그래스는 나의 이런 의문을 일거에 해소한다. 칼 바르트(Karl Bart)를 위시해 많은 이들이 비판해 온 자연신학이 특정한 시공간, 곧 근대라는 조건 하에서 성립되었다는 점은 설득력이 있다. 나아가 맥그래스는 신의 존재를 증명하려고 시도한 고전적 자연신학을 비판한다. "자연신학은 자연에 호소해 기독교 신앙의 어떤 핵심 요소를 증명하려고 하지 않는다"(p. 75). 그의 전략은 상당히 유효하다. 특히 나와 같이 자연신학적 기획에 의심이 많은 사람들에게 말이다.

그러나 신앙을 증명할 수는 없어도 설명할 수는 있다. 설명할 수 있다는 말은 양가적 의미를 지닌다. 하나는 자연을 설명하는 능력이다. 맥그래스는 생물학의 진화에 나타난 설계를 추적하고, 우주론의 정교한 조율에 나타난 인간 중심 원리를 기반으로 유신론적 사유의 자연과학적 토대를 마련한다. 그에 따르면, 우주론이나 생물학의 현상은 유신론의 관점으로 설명할 필요를 제거하는 측면도 있지만, 그렇다고 해서 반드시 유신론이 잘못이라고 말하지는 않으며, 더 나아가 자연현상에 대한 가장 훌륭하고 타당한 설명이다(pp. 409-410).

다른 하나는 신앙을 설명한다. 윌리엄 페일리(William Paley) 류의 자연신학이 자연을 고정불변의 것으로 상정했다면, 맥그래스는 히

포의 아우구스티누스를 근거로 삼아 하나님께서 진화의 과정을 사용하신다는 것을 신학적으로 전개한다. 이를 통해 우리는 하나님에 대한 새로운 이해를 얻게 된다. 저자가 반복해 인용하는 구절인 찰스 킹슬리(Charles Kingsley)의 1871년의 말이 대표적이다. "우리는 하나님이 만물을 지으실 수 있을 정도로 아주 지혜로우신 분임을 오래전부터 알았다. 그러나 유념하라. 하나님은 그보다 훨씬 더 지혜로우셔서 만물이 스스로 그 자신을 만들 수 있게 하실 수 있는 분이다"(p. 410).

기독교에는 오래전부터 성경과 자연이라는 두 책 이론이 있었다. 하나님께서 자신을 성경과 자연을 통해 계시하셨다는 것은 기독교 고유의 신앙고백 중 하나다. 그 둘 사이의 긴장이야 있을 수밖에 없다. 그렇다고 피 터지게 싸워야 할 대립과 갈등 관계로 내버려 둘 수도 없고, 아무 상관없는 듯 밀쳐둘 수도 없는 노릇이다. 지금까지 자연에 입각해 성경을 해석하고 신을 증명하는 것에 우려를 금치 못했지만, 성경, 더 정확하게 말해 삼위일체라는 렌즈로 자연을 해석하고 신을 설명하는 길의 가능성을 이 책을 통해서 보았다.

과학과 신학의 대화

두 가지 아쉬움이 있다. 하나는 삼위일체론이다. 나는 자연신학이 기독론, 그러니까 계시신학과 대립되는 어떤 것이라는 선입견을 깨뜨리고 삼위일체론으로 구축한 자연신학이라는 고전적이고도 신선

한 착상에 경의를 표한다. 하지만 삼위일체에 관한 논의를 아주 조금 다루었을 뿐 이 책 어디에서도 구체적 진술과 논리의 전개를 찾기 어려웠다. 그의 주저 '과학신학' 3부작을 기대해 봐야 할 듯싶다.

다른 하나는 '타락'에 관한 것이다. 이 책이 '정교하게 조율된 우주'에 정밀하게 초점을 맞추었다고는 하지만 자연의 타락, 곧 생태계의 파괴에 대한 최소한의 언급은 있을 줄 알았다. 그의 말마따나 "자연은 선하면서 동시에 악하다"(p. 184). 삼위일체론 안에서 고난 받는 하나님의 아들을 통해 아름답지만 동시에 신음하는 피조물 전체(롬 8:18-22)를 해방하라는 뜨거운 소망의 목소리와 보다 정교한 과학신학을 기대한다.

'과학신학' 3부작이 아직 번역되지 않은 상황에서 방대한 세 권의 핵심을 쉬운 문체로 잘 정리한 『과학신학: 자연과학과 신학의 대화』(The science of God, IVP)를 읽어 보기를 권한다. 방대한 내용을 쉽고 명료하게 이해하도록 이끌 입문서로서 최적이다. 맥그래스와 그의 저작을 길잡이 삼아 과학과 신학의 대화에 나서 보자.

김기현
로고스서원 대표 및 로고스교회 목사. 한국외국어대학교를 졸업하고 침례신학대학교에서 종교철학과 현대 영미신학을 전공해 박사학위를 받았다. 한동대학교와 경성대 대학원 외래교수와 KOSTA 강사로 활동하고 있다. 저서로는 『공격적 책읽기』(SFC), 『하박국, 고통을 노래하다』(복있는사람), 『내 안의 야곱 DNA』(죠이출판부), 『글 쓰는 그리스도인』(성서유니온) 등이 있으며, 아들과 함께 『그런 하나님을 어떻게 믿어요』(SFC)를 썼다.

높은 곳에서 바라본 인간

손화철

책 제목 사피엔스: 유인원에서 사이보그까지 인간 역사의 대담하고 위대한 질문
저자 유발 하라리   역자 조현욱   출판사 김영사   출간년도 2015년

내가 출석하는 교회의 한 청년이 드론을 구입했다. 드론을 띄워 촬영을 해 보니 지금까지 누구도 보지 못한 각도에서 아담한 우리 교회의 모습을 볼 수 있었다. 10여 미터 높이의 창문을 위로 쳐다보는 대신 같은 높이에서 바라보고 또 첨탑 끝 십자가 위에서 교회를 아래쪽으로 내려다보니 참 신기했다.

유발 하라리(Yuval N. Harari)의 『사피엔스』(Sapiens)는 늘 보던 풍경을 드론을 띄워 새롭게 관찰하듯, 인류의 발전사를 큼직하게 풀어 가는 책이다. 그리스도인 중에는 진화론을 당연하게 받아들이는 그의 관점을 불편하게 느끼는 경우도 있겠지만, 거기 집중하는 건 이 책을 파악하는 데 방해만 될 뿐이다. 그보다는 하라리가 보여 주려는 인류 역사의 큰 그림이 얼마나 설득력 있게 이어지는지에 초점을 맞추어야 한다. 드론을 날려 찍은 동영상처럼 인류의 긴 역사를 파노라마처럼 정리해 낸 소위 '빅히스토리'의 서술은 탁월하다.

141

인류 역사에 대한 박진감 넘치는 통찰

하라리가 제시하는 빅히스토리의 얼개는 다음과 같다. 생물 진화의 역사에서 호모 사피엔스가 유독 두각을 나타내 지구의 주인이 된 것은 언어 능력으로 대표되는 인지 혁명 때문이다. 언어 때문에 협력이 가능했고, 상상력에 근거한 여러 제도를 만들 수 있었다. 인간은 언어 능력을 바탕으로 수렵 채집에서 농업 혁명을 일으키고, 이어서 과학 혁명을 일으킨다. 이어서 최근의 생명공학 혁명이 일어나고, 마침내 스스로의 진화를 설계하는 지적설계자의 자리에 자신을 위치시킨다. 지금까지 인류의 발목을 잡아 온 생물학적 한계를 극복하고 스스로의 감정과 욕구마저 조정하는 새로운 종이 만들어지면, 오래전 인지 혁명을 통해 생명의 세계에서 우위를 차지한 호모 사피엔스는 마침내 종말을 맞이할 것이다.

이 책의 미덕은 많지만, 그중 하나는 저자의 필력과 유려한 번역이다. 힘차면서도 깔끔한 문장은 번역자의 공이겠으나, 인류의 역사를 거시적으로 바라보며 제시하는 비교와 통찰은 원저자의 능력이다. 그의 글에서는 학자의 무게감이나 중요한 이야기에 동반되는 비장함을 전혀 찾아볼 수 없다. '자유와 평등과 같이 서로 완벽하게 공존할 수 없는 모순된 바람을 추구하는 인간의 인지 부조화가 인간 정신의 핵심자산'(p. 238)이라거나 '노벨평화상은 원자폭탄 개발자에게 주어야 한다'(p. 526)는 말을 마치 길에서 우연히 만난 사람에게 이야기하듯 무심하게 던지는 그의 글은 묘하게 매력적이다.

온갖 정보가 600여 페이지에 가득 차 있는데도 독자 입장에서 정보는 정보대로 재미는 재미대로 얻을 수 있는 것도 감탄할 만하다. 경제와 종교, 제국과 과학이 종과 횡으로 만나 박진감 있게 펼쳐지는 한 편의 이야기가 처음부터 끝까지 일정한 흐름과 질서를 가지고 이어진다. 문자·신화·질서·계급·돈·제국·자본시장 등 인류의 역사를 관통해 온 핵심 요소들이 어떻게 생겨나고 발전했는지에 대한 그의 설명은 설득력 있고 쉽게 이해할 수 있으며 때로는 기발하기조차 하다.

저자의 주장은 단순한 가설이나 의견이 아니라 여러 가지 구체적 정보와 증거, 표 등으로 뒷받침된다. 마치 여러 전공의 개론 과목에서 얻게 될 정보들을 모아 놓은 것 같기도 하고, 요즘 유행하는 '융합'이 이런 것인가 하는 생각도 든다. 세계 인구, 유통되는 돈과 금융자본의 규모, 18세기 이전 중국과 인도의 경제력, 여러 문화와 시대의 다양한 사례들이 서로 연결되어 소개된다. 15세기와 16세기 유럽에서 여백이 많은 세계지도가 출판되기 시작한 것과 유럽인들의 근대적 사고를 연결시키는 것이 그 한 예다. 빈 공간이 많은 지도가 유럽인들로 하여금 자신들이 세계에 대해 무지하다는 것을 인정하게 하고 그 세계를 '탐험하고 정복하겠다'는 이데올로기를 상징한다는 관찰은 예리하다. 또한 산업혁명 이후 시간이 가지게 된 중요성을 설명하며 "오늘날 모든 뉴스 방송의 첫 순서를 차지하는 것은 시간"(p. 500)이라고 한 표현에서는 감탄할 수밖에 없다.

무기력과 비관주의로 귀결되는 냉소와 중립성

그러나 빅히스토리에 익숙하지 않은 탓일까. 그 모든 관찰과 통찰 이면에 흐르는 냉소와 중립성은 즐거운 독서를 끊임없이 방해한다. 너무 먼 거리에서 역사를 바라보기 때문에 모든 가치평가가 상대화된다. 앞서 말한 무심함의 매력은 그저 밀고 당김(밀당!)의 결과인지도 모른다. 저자는 현대사를 얼룩지게 한 대량 학살에 놀라지 않는다. 인류의 전 역사를 통해 폭력으로 죽어 간 사람들의 비율을 생각하면 지금의 시절은 예외적으로 평화적이기 때문이다. 인간의 본질을 바꾸게 될 생명과학의 비약적 발전을 딱히 환영하지도 않지만 그렇다고 경계하지도 않는다. 어차피 인류는 이런 저런 극심한 변화를 경험해 왔고, 그 변화는 우리가 원하든 원치 않든 일어날 것이기 때문이다. 인류는 죽음을 없애려 했던 길가메시의 프로젝트에 사로잡혀 있으므로, 호모 사피엔스의 종말과 새로운 존재로의 도약을 막아 보려는 것은 부질없다. 그러나 묻지 않을 수 없다. 그래서 어쩌란 말인가? "천 년 단위의 인간적 시각이 아니라 십억 년 단위의 우주적 시간으로 조망"(p. 564)하는 것의 유익은 무엇일까? 아직 생물학적 한계에 머물러 있으면서도 마치 그것을 넘어선 듯 생각하고 싶은 호모 사피엔스의 변태적 욕구는 아닐까?

    냉소와 중립성, 무심함은 곧바로 무기력과 연결될 수밖에 없다. 10억 년 단위의 사고 앞에 독자는 무기력해진다. 하라리는 똑똑한 사람답게 책의 서문과 결론 부분에 '그래서 어쩌라고?'라는 물음에 답을 하려 애쓰지만, 자신이 써 놓은 몇백 페이지에 그만 스스로

늘리고 만다. 호모 사피엔스는 자신의 선택과 무관하게 지금까지 진화를 거듭해 왔고 그 흐름은 도도하게 계속된다는 설명을 한 다음, 그 흐름 속에서 "우리는 무엇이 되고 싶은가?"(p. 585)라고 물어야 한다는 주장은 너무 미미하고 부질없어 보인다.

『사피엔스』는 빅데이터의 딜레마를 연상시킨다. 빅데이터 기술의 신봉자들은 방대한 과거의 데이터를 모으면 일정한 패턴이 보이고, 그 패턴을 파악하면 미래를 예측할 수 있다고 한다. 그 유용성을 부인할 수는 없지만, 이 기술을 인간의 행동과 판단에 적용하면 셈이 복잡해진다. 예측을 적극 받아들임으로써 예측이 현실화되는 것을 돕게 되는 것이다. 하라리도 '역사는 스스로의 예측에 반응하는 2단계 카오스'(pp. 340-341)라는 말로 이 부분을 지적한다. 그러나 그 자신의 책은 결과적으로 과학기술을 통한 호모 사피엔스의 진화 방향, 즉 새로운 인류의 등장이라는 방향을 고정하고 있다. 그 결과가 바로 이 책을 덮을 때 느끼는 무기력과 비관주의다.

너무 먼 곳에서 바라본?

하라리가 희망을 버린 것 같지도 않고, 무기력과 비관주의가 그 자체로 악이라 할 수도 없다. 그러나 그는 높이 떠 있는 드론처럼 너무 멀리 있어서, 인간에게는 여전히 엉뚱한 결정과 판단을 할 수 있는 능력이 있고 그래서 미래를 향해 열린 존재이며, 바로 그 가능성이 인간을 인간이게 한다고 차마 말할 수가 없다. 100년을 채 살지 못하는 존재들이 미래에 죽음을 극복할지 말지를 스스로 결정하겠다는 생각은 너무 낭만적으로 보이기 때문이다. 하지만 그 낭만을 포기하기에 600페이지는 좀 짧고, 하라리의 무심함은 끝내 버겁다. 과학기술의 발전과 그 방향이 거스를 수 없는 대세임을 강조하며 현대판 점쟁이를 은근히 자처하는 이들이 늘어나는 시절에, 하라리 자신이 어디선가 던진 한 마디가 묘한 위로가 될 뿐. "사실 그 시대를 가장 잘 아는 사람들, 다시 말해 그 시대에 살았던 사람들이야말로 그 시대를 가장 모르는 사람들이다"(p. 338).

우아하게 떠올랐던 드론의 착륙은 약간 어설퍼서 마지막 몇십 센티미터 위에서 털썩 내려앉았다. 좋은 구경을 했고 참 신기하다 감탄했으며, 나도 하나 구입해 볼까 하는 생각도 잠시 했지만, 주일 오후는 그냥 그렇게 저물었다. 조금 있으면 월요일이다. 당장 닥친 일부터 처리해야 한다.

손화철
한동대학교 글로벌리더십 학부 철학 교수. 서울대학교 철학과를 거쳐 벨기에 루뱅 대학교 철학부에서 박사학위를 받았다. 저서로 『랭던 위너』 『현대기술의 빛과 그림자: 토플러와 엘륄』 『과학기술학의 세계』 『한평생의 지식』 『과학철학』 등이 있다.

인류의 발생과 진화에 대한
흥미진진한 교양서

옥명호

책 제목 **인류의 기원**   저자 **이상희 · 윤신영**
출판사 **사이언스북스**   출간년도 **2015년**

인류는 언제, 어디서 생겨나 어떤 여정을 거쳐 오늘에 이르렀는가?
　과학자들은 그 해답을 화석이나 DNA 같은 과학적 증거와 자료를 바탕 삼아 찾아 나간다. 이 책은 한국인으로는 드물게 고인류학을 전공한 저자가 '인류의 진화에 대한 여러 가지 흥미로운 주제들'에 대해 스토리텔링 방식으로 해설해 나가는 대중 과학서이자 인문 교양서다.
　자신의 미대륙 자동차 횡단 경험을 담은 흥미로운 여행담으로 시작하는 글맛 나는 책 들머리를 지나면 어느새 인류의 기원과 진화의 역사를 추적하고 탐사하는 숱한 여정 이야기가 펼쳐진다. 그 이야기 가운데는 오랫동안 잘못 알려진 문화인류학적 오류를 지적하는 내용도 있는데, '식인종'에 관한 이야기가 그것이다. '식인종'이나 '식인 풍습'에 관한 고인류학적 연구 결과는 우리가 알게 모르게 문화제국주의적 관점으로 '원주민'과 '원주민 문화'를 판단해 왔음을 깨닫게 한다. 이를 테면, 대니얼 디포(Daniel Defoe)의 『로빈슨 크루소』에서 백인 주인공이 프라이데이를 식인종에게서 구출한 일화가 전혀 다르게 다가오는 것이다. '농경문화'가 인류 역사에 끼친 고인류학적 해설 또한 무척 흥미진진하다. 즉 '농경의 시작'이 분명 인류의 정착과 군집생활을 낳고 출산율을 높여 폭발적 인구 증가와 유전자 다양성 확대를 가져오는 등 인류사에 기여한 점이 분명하지만, 반대로 농경으로 인한 군집생활은 질병의 집단적 전염성을 높여 마을 단위의 몰락을 불러오기도 하고 농지 확장을 위한 전쟁과 계급사회화를 촉진하기도 했다.

인류의 발생과 진화 역사를 연구하는 고인류학자로서 저자는 진화에 대한 일반의 고정관념 - 진화는 낮은 단계[수준]에서 높은 단계[수준]로 발전하고 나아진다 - 이 틀렸음을 지적한다.

"현재 가장 방대한 학문인 생물학의 근간을 이루는 진화론의 중심에 있는 '진화'라는 개념은 사실 아무런 가치(또는 방향성)가 들어 있지 않습니다. 딱히 옛날보다 더 나아진다는 뜻도, 더 좋아진다는 뜻도 아닙니다. 학계에서 동의한 진화의 뜻은 긴 시간에 걸쳐 일어난 유전자 빈도의 변화입니다. 진화했다는 뜻은 변했다는 뜻이지 더 나아졌다는 뜻은 아닙니다."

그에 따르면, 수렵과 채취, 사냥을 통해 삶을 영위한 고대 인류에 견주어 현생 인류가 더 '발전'했다고 말할 근거는 어디에도 없다.

전문 연구서가 아닌 일반 독자를 염두에 둔 이 책은 인류학의 주요 이슈와 인간의 기원에 관한 중단 없는 인류학적 연구와 탐사 이야기를 쉽고도 흥미롭게 스토리텔링으로 들려준다. 특히 이 책의 미덕 가운데 하나는 과거 학교 수업에서 듣고 시험용으로 '암기'했던 교과서의 '과학(인류학) 정보'를 흥미진진한 '지식'과 '교양'으로 습득하게 한다는 것이다. 이는 나처럼 과학에 대한 관심과 지식이라곤 눈곱만큼도 없는 독자를 위해 전문가가 할 수 있는 최고의 기여가 아닐까 생각한다.

옥명호
월간 「복음과상황」 편집장. 한국외국어대학교 불어과를 졸업하고 잡지사 기자와 홍성사, IVP 편집장 등을 역임했다. 현재는 복음주의 잡지의 편집장으로서 기독교 출판 생태계의 건강한 성장을 위한 역할을 담당하고 있다. 손봉호 교수와 함께 『답 없는 너에게』를 썼다.

멸종과 진화를 되풀이해 온 지구 생명체

이상희

책 제목 **공생 멸종 진화: 생명 탄생의 24가지 결정적 장면**
저자 **이정모** 출판사 **나무, 나무** 출간년도 **2015년**

45억 년에 이르는 지구의 역사에서 38억 년 전 등장한 생명체는 근 33억 년 동안 1밀리미터보다 작은 크기를 유지했다. 그 생명체는 5억 4100만 년 전에야 1센티미터 정도로 커졌고 이후 수많은 종(種)이 폭발적으로 생겨났다. 그리고 수많은 종이 절멸하는 대멸종이 일어났고, 그로 인해 빈 생태계를 채우는 종이 수없이 생겨났다. 그다음 다시 멸종과 진화의 주기를 되풀이하며 현재에 이르렀다.

이 책의 제목에 등장하는 '멸종'과 '진화'라는 단어는 지금은 아무렇지 않게 쓰이지만 사실은 오랫동안 사람들에게 강한 거부반응을 불러일으켰다. 완벽한 창조주가 만들어 낸 세계에서 '종'은 시작(기원)과 끝(멸종)이 있을 수 없기 때문이다. '화석'은 옛날에는 살았지만 지금은 남아 있지 않은 절멸된 종에 속한다는 이야기, 지금은 절멸된 종과 비슷하게 생긴 친척 종이 남아 있다는 이야기는 현대 사회에서 별다른 관심을 끌지 못한다. 그러나 고대·중세·전근대 유럽 사회에서 멸종은 노아의 대홍수처럼 예외적 상황에서만 가능했다. 진화 역시 마찬가지다. 어떤 종이든지 변화할 수는 있지만 사라질 수도, 다른 종으로 진화할 수도 없었다.

그러나 이제 진화생물학의 발전으로 인해 멸종과 진화는 생명의 역사에서 무수히 진행되었으며 지금 이 순간에도 계속되는 현상이라는 가설이 정설이 되었다. 멸종과 진화라는 현상을 겨우 받아들이게 되었지만 인류 역시 그 멸종과 진화라는 변증법에서 예외가 아니라는 생각을 받아들이는 데에는 또 다시 많은 시간이 흘러야 했다. 시간뿐 아니라 끊임없는 자료와 연구의 축적이 필요하기도 했다.

멸종의 참혹함에서 말미암은 번창

첫 번째 대멸종은 고생대의 끝이자 중생대의 시작이었다. 100만 년 동안 95퍼센트의 종이 절멸했다. 6600만 년 전의 대멸종은 중생대의 끝과 신생대의 시작을 가져왔다. 그리고 포유류의 시대가 열렸다. 그러나 지금까지의 대멸종은 매년 5000-2만 5천 종이 멸종하는 현재에 비하면 아무것도 아니다. 산업혁명 후 지금까지 여섯 번째 대멸종이 진행 중이다. "인류가 출현하기 전에는 포유류 한 종이 멸종하는 데 평균 50만 년이 걸렸다. 하지만 인류가 출현한 뒤에는 한 달에 한 종 꼴로 포유류가 멸종했다"(p. 265). 아마 지금의 추세가 계속된다면 800-2만 년 후에는 모든 생물이 멸종할 것이다.

그런데 멸종은 나쁘기만 한 소식일까? "새로운 생명이 탄생하기 위해서는 누군가가 그 터전을 비워 주어야 한다. 그것이 바로 멸종이다"(p. 260).

이 책 내내 저자와 같은 길을 걷던 나는 마지막 꼭지인 24장에서 다른 길을 걸었다. 저자는 최상위 포식자인 인간이 이번 대멸종에서 멸종할 가능성이 높기 때문에 조금이라도 그 시기를 미루어야 한다고 말한다. 그러기 위해 지구 환경과 생물계의 다양성을 보호해야 한다고 한다.

나는 이 책을 읽으면서 줄곧 다윈(Charles Darwin)의 『종의 기원』 마지막을 장식하는 두 문장을 떠올렸다.

> Thus, from the war of nature, from famine and death, the most exalted object which we are capable of conceiving, namely, the production of the higher animals, directly follows. There is grandeur in this view of life, with its several powers, having been originally breathed (by the Creator) into a few forms or into one; and that, whilst this planet has gone cycling on according to the fixed law of gravity, from so simple a beginning endless forms most beautiful and most wonderful have been, and are being, evolved. (Charles Darwin, *The Origin of Species*, 1859; 괄호 속은 1860년 판부터 들어간 내용이다.)

몇몇 번역문을 들여다봤지만 영어 원문에서 내가 받은 느낌이 제대로 살아 있지 않아서 나름대로 번역을 해 보았다.

우리가 상상할 수 있는 최고의 모습인 고등동물은 이렇듯 자연 속에서 벌어지는 전쟁으로부터, 굶주림과 죽음으로부터 만들어졌습니다. 삶을 보는 이런 관점이 얼마나 장엄하고 힘찬가요! (창조주로부터) 몇몇 대상에게 불어넣어진 생명은 지구가 중력의 법칙에 따라 도는 동안 너무도 단순하게 시작해 최고로 아름답고 멋진 모습으로 진화해 왔고, 지금도 진화하는 중입니다.

『공생 멸종 진화』는 멸종이라는 참혹에서 어떻게 번창이 말미암았는지 쉽고 재미있는 문체로 보여 준다. 그리고 굶주림과 죽음 속에서 최고로 아름답고 멋진 모습으로 진화한 지구 생명체의 하나인 인간으로 태어났다는 사실에 다시 한 번 숙연한 마음이 들게 한다.

최강 포식자가 된 인류의 책무

우리가 이 지구상에 산 시간이 다른 동물들에 비해 짧다고 슬퍼하지 말자. 인간은 뒤늦게 지구상에 나타나서 아주 짧은 시간에 최강의 포식자가 되었다. 인간이 지금이라도 다른 생명체들과 이 지구에서 함께 살기 위해 지구 환경을 보살핀다고 해서 인류의 멸종 시기가 크게 달라지지는 않는다. 인간이 지구 환경을 챙기고 다른 생명체를 챙겨야 하는 이유는 인류의 멸종 시기를 최대한 뒤로 미루기 위함이라기보다는 그것이 옳은 일이기 때문이다. 자신의 이익에 부합하지 않아도 '옳음'을 알고 그에 맞는 행동을 하는 것이야말로 인간다움이며, 인간에게 맡겨졌던 지구라는 무대에서 아름답게 물러가는 모습이리라.

이상희
UC 리버사이드 인류학과 교수. 서울대학교 고고미술사학과를 졸업하고 미시간 대학교 인류학과에서 석사 및 박사 학위를 마쳤다. 일본 소고켄큐다이가쿠인 대학교에서 박사후 연구 활동을 하고 펜실베이니아 인디애나 대학교에서 인류학을 가르쳤다. 저서로 『인류의 기원』이 있다.

한국교회탐구센터

한국 교회, 특히 개신교는 지난 120년 동안 초기의 민족적 수난과 열악한 상황 속에서 민족과 함께 고난받으며 괄목할 성장을 거듭했습니다. 그러나 오늘날 한국 교회는 사회에 희망을 주지 못한 채 오히려 비난을 받으며 쇠락의 모습을 보이고 있습니다. 그동안 한국 교회의 변화와 갱신, 개혁을 위한 제안들이 많았습니다. 그러나 단순히 아름다운 과거로 돌아가거나 새로운 프로그램을 도입하는 것으로는 해결되지 않는 보다 근본적인 대수술이 필요합니다. 이를 위해서는 무엇보다 한국 교회가 자신을 객관적으로 살피고 성찰함으로써 밑바닥에서부터 일어나는 뼈저린 회심과 새로운 비전이 중요합니다.

한국교회탐구센터(The Research Center for the Korean Churches)는 이러한 노력의 일환으로 시작된 작은 몸짓으로서, '하나님나라를 위한 교회, 한국 교회를 위한 탐구'를 모토로 2011년에 설립되었습니다. 우리가 습관적으로 답습해 왔지만 성서적·신학적·역사적 기반은 모호한 한국 교회의 관행과 면모들을 하나하나 밝혀 갈 것입니다. 신학교에서도 교회에서도 제대로 다루지 않았던, 그리고 세상 속에서 하나님 나라를 위해 거룩한 제사장으로 부름받은 성도들의 삶 속에서도 구현되지 못했던 과제들을 진지하게 탐구할 것입니다. 한국교회탐구센터는 한국 교회의 참된 회복을 위해 우리의 신앙 공동체에 대한 비판적인 분석과 선지자적 연민을 함께 일깨울 것입니다.

구체적으로 2011년부터 매년 '교회탐구포럼'을 개최하고 연구 활동 및 자료 발간을 해온 데 이어 2016년 8월, 국내에서 처음 시도되는 '과학과 신앙'에 대한 시리즈 기획물로서 『스펙트럼: 과학과 신앙』 발간을 시작합니다. 과학과 신앙이라는 분야가 그리스도인의 전통적 혹은 보편적 관심사가 아닐 수 있지만, 우리 시대를 특징짓는 과학의 발전과 과학적 세계관의 중요성을 생각했을 때 이 주제는 앞으로 그리스도인의 신앙과 삶, 그리고 교회의 선교 활동에 더욱 중요해질 것으로 보입니다. 이에 『스펙트럼』은 특정 입장에 서서 한쪽의 주장만을 개진하기보다는 다양한 관점에서 과학과 성경에 관한 주제를 복음주의적 신앙의 견지에서 할 수 있는 한 객관적으로 풀이하고 소개하는 역할을 감당하려 합니다.

한국교회탐구센터
주소_ 04031 서울 마포구 동교로 156-10 4층
전화_ 070-8275-6314
팩스_ 02-333-7361
홈페이지_ http://www.tamgoo.kr

스펙트럼: 과학과 신앙 02
외계인과 기독교 신앙

초판 발행_ 2017년 3월 2일

편집위원_ 송인규, 우종학, 정지영, 최삼열
펴낸이_ 신현기

펴낸곳_ 한국기독학생회출판부
등록번호_ 제313-2001-198호(1978.6.1)
주소_ 04031 서울 마포구 동교로 156-10
대표 전화_ (02)337-2257 팩스_ (02)337-2258
영업 전화_ (02)338-2282 팩스_ 080-915-1515
홈페이지_ http://www.ivp.co.kr
이메일_ ivp@ivp.co.kr
ISBN 978-89-328-1187-1
ISBN 978-89-328-1185-7(세트)

ⓒ 한국기독학생회출판부 2017

책값은 뒤표지에 있습니다.
무단 전재와 복제를 금합니다.